寻根溯源学汉字 轻松易懂又有趣

一字一世界

⑤

F–G

颜煦之 著

认识汉字·理解汉字·掌握汉字·运用汉字

湖南教育出版社

图书在版编目（C I P）数据

一字一世界．5，F-G / 颜煦之著．-- 长沙：湖南教育出版社，2019.4

ISBN 978-7-5539-6412-6

Ⅰ．①一… Ⅱ．①颜… Ⅲ．①汉字—通俗读物 Ⅳ．①H12-49

中国版本图书馆 CIP 数据核字（2018）第 232494 号

责任编辑：李　好
丛书策划：申晓华
版式设计：申曜年
审读统筹：申晓华
责任校对：张命乔

一字一世界　5，F-G

YI ZI YI SHIJIE　5，F-G

出版发行：湖南教育出版社
（地址：湖南省长沙市韶山北路 443 号　邮编：410007）
经　　销：全国新华书店
印　　刷：北京盛通印刷股份有限公司
（地址：北京市经济技术开发区经海三路 18 号）
版　　次：2019 年 4 月第 1 版
印　　次：2019 年 4 月第 1 次印刷
开　　本：787 mm×1092 mm　1/16
印　　张：13
字　　数：160 千
定　　价：39.80 元
书　　号：ISBN 978-7-5539-6412-6

序

曹文轩

为他人写序无数，还从来没有一次像写这个序那样踌躇，那样焦虑，那样迟迟不能下笔，一再延宕。本是一件“轻而易举”的事，却总是不能完成，几乎日日纠结在心。自己都觉得奇怪。今天，终于坐到了桌前。因为，实在不能再拖延了——那边在急切地等着发稿呢。

造成如此状况，大概是因为我和煦之先生的友情实在太深、太浓、太厚了——总想写一个对得起朋友的序，正是这番对友情的特别在意，使得自己反而一拖再拖难以落笔了。

其实，这个序写得好或坏是无所谓的，甚至可以没有这个序，因为，他做的事，白纸黑字都明明白白地摆在眼前，其价值和意义是不用人再絮叨的。写个序，只是戴个“帽子”，不至于看上去太“秃”罢了，将区区一个小序看得那样“严重”，实在没有必要。

两年前在南京与煦之先生相会，他送了我一套他著的趣谈汉字的书，厚厚四册，我当时十分吃惊。回到酒店，埋在沙发中翻看，见他做的竟然还是含了学术——甚至是很学术的事情，更是吃惊。后来，我遇见谁都会提起这套书，一说书的妙、书的趣；二说煦之先生做事总不按常规，动不动就干出出人意料的事情来。不久，与好友方国荣先生谈出版之事，听他兴致勃勃地说要做一套关于汉字与人生方向的书，便立即将煦之先生的著作介绍给他。他也吃惊不小，很快就和煦之先生联系上了，没想到煦之先生竟神奇地又成就了一套方国荣先生心中所希求的新书。

此套书共十一册，还是关于汉字的。

细想想煦之先生做成此事，其实也无令人吃惊之处。他这个人，既是性情中人，又是一个执专心的人。一旦决定做一件事了，天底下也就只有这样一件事了。雷打不动，五头大牛未必能将他拽回。若是在夏季做事，你都能想见他干活时的样子：将门关住，短裤背心，甚至赤膊上阵，宽阔的脑门子上汗津津的，短而厚的手捉住笔就不肯放下，困顿时冲冲凉水澡，拍拍胸脯，拍拍脑门，提提神，接着再干。你以为他做的事，总出乎情理，而事实上，他做事就像他的体型一般稳重，方而正。这也是他的品格。

这一回，他的事做得有点大。

汉字文化，是个大题目，是一个意义非凡的大题目。九年义务教育新课程标准已经出台，与此前课标相比，其中一条被特别强调：要使学生懂得，汉字不只是一种纯粹的书写符号，也蕴含深厚的文化。煦之先生的研究事先当然与新课标毫无关系，只是他的思考与新课标的新维度暗合了。这也许是真知灼见者的不谋而合——所谓“英雄所见略同”。这套书，无意中可成为日后学生和语文老师学习、讲解语文的难得的参考书籍。

汉字是中国人极端聪明、非凡才智的结晶。有人在拿它与种种拼音文字进行比较时，故作深刻地说拼音文字是高度抽象能力的结果，那意思是说人家的东西要比我们的技高一筹。此等说法，不免肤浅。他们将象形文字的汉字，看成了依样画葫芦式的幼稚了，殊不知它的抽象能力其实是无与伦比的。这一个个神秘的方块字，无所不能，说事说理，皆妙不可言。我们可用它最完美地叙述这个世界，也可用它阐述这个世界上最精辟的原理和哲思。它的高度活性，字与字之间的微妙差异以及组词之后的无限能力，是任何一个熟练掌握它的人都会感到惊讶的。它是“魔方”。具象与抽象的完美统一，已抵达天造地设般的境界，使人觉得它本是造物主所使用的文字，是天然的。

更妙的是，一个个字，并不只是说事说理的符号，它们自身就是有意味的，甚至是有无穷意味的，一个个都是可以加以解读和欣赏的。从它们诞生的那一刻开始，它们就负载了若干意味。它们在不断变形的过程中，还暗含了历史的变迁。到了今天，每一个字，都有它的历史。“一字一世界”，还不抽象吗？抽象程度还要多高？可它确实又是形象的，因此，它与别种文字相比，又有了一个特殊的功能：审美。

它直接产生了一门艺术：书法。

从古至今，那些书法大家，用他们各具特色的书写，为我们提供了一个丰富的艺术世界。这个世界陶冶了中国人的性情，提升了中国人的生命境界。

煦之先生对汉字的认识价值和审美价值的理解与分析，就在这十一册书中。

写到此处，我忽然想起两件事来。一件是，好几年前，有个思维独特的年轻人四处奔走，并到处分发传单，说他经过长时间的研究发现，以英语为代表的拼音文字，其实也是一种象形文字。可是没有一个专家理会他。现在，这个年轻人不知到哪里去了，不知是否还在坚持他的“异端邪说”、继续他的“荒唐”研究。另一件是，一个大规模的制作和推广英语电子词典的公司的老板，向我展示了他的研究成果。他的研究成果与那个年轻人的结论一致，只是更加学理化：英语，也是一种象形文字。他当场向我解读了一个个英语单词，告诉我它们都是“象形的”。这个老板是学英语出身的，我当然不敢苟同他们的看法。但这两件事，倒使我看到了一个认识上的变化：作为象形文字的汉字，倒成了人家比附的文字了。

进入汉字魔方吧，其乐无穷。

2014年11月1日于北京大学蓝旗营小区

曹文轩，当代著名作家，精擅儿童文学，任北京作家协会副主席，北京大学教授，现当代文学博士生导师，儿童文学委员会委员，中国作家协会鲁迅文学院客座教授，是中国少年写作的积极倡导者、推动者。主要文学作品有《山羊不吃天堂草》《草房子》《天瓢》《红瓦》《根鸟》《细米》《青铜葵花》《大王书》等。

自序

当你拿起这本书，翻到这一面，我们就算有了一面之交。我很想拉着你的手，跟你聊两句。不多，就这么几句。

我这人一生与书有缘：读书、教书、编书、写书、出书、卖书、藏书……虽然如此，而今我却还是常读错字、写错字、用错字，还有很多不认识的字。究其原因，跟自己菲才寡学、天资愚钝有关。另外，恐怕跟汉字既多又难认难记有关。

汉字大约有十万个，常用的虽然只有三千来个，但要记住却非易事。据说，外国人把最难办的事说成“这比学汉字还难”。正因为此，近几十年来，国家成立专门机构，搞汉语拼音和汉字简化。

如今，全球有数千万“老外”学汉语，加上母语为中文的华人，使用汉字的多达十四亿人。怎样让这么多人轻松愉快地学汉字，是件十分有意义的事。我愿为此稍尽绵薄，所以编写了这本书。

汉字，是世界文化的明珠，是中华民族的骄傲。汉字，是先民们历经数千年，把对自然和社会的认识，巧妙地移植到一笔一画上而形成的。汉字，源远流长，魅力无穷，超群绝伦，华夏儿女应该发扬继承。

汉字，不仅仅是符号。对汉字，光凭眼睛看是不够的，形、音、义三位一体，那得细细品味，慢慢咀嚼，才能品出味儿来。有些字，是一幅生动的图画；有些字，是一个有趣的故事；有些字是一段复杂的历史；有些字，说的是生活常理；有些字，谈的是科学道理；有些字，讲的是深刻的哲理。每一个字，都值得我们欣赏、品味和探讨。若三五同好，聚在一起，谈古说今，咬文嚼字，得其三昧，那真是其乐无穷。

前人和当今有识之士，对汉字做了大量深入的研究，著述浩如烟海，硕果累累。作为门外汉，我不揣冒昧，也挤将进来，凑个热闹。

我将两千多个常用字，以科学分析和有趣故事相结合的方式，编写成这套书。我所讲解的每一个字，分为前后两部分。前半部分，我将这个字的形成、演变过程以及字形、字义、读音作简要介绍。凡此，仁者、智者，各有见解。我博采众长，或综合为一，或分别罗列，任君选择。后半部分，我以小故事等形式，更形象、更生动地来解释这个字的形、音、义。我不仅讲这个字的用法，而且讲这个字的结构特征，讲这个字笔画的用意，讲这个字和相似字之间的区别。我还特别注意解释字的读音，以便区别这个字与其它谐音字之间的区别与联系。我讲了两千多个汉字故事，与这些故事相关联的汉字有六千多个，几乎包括了所有的常用字。这便是字中有字，这才是真正的汉字故事。

顺便说一句，这里的故事，有些是我的创作；有些是据资料编写；有些是来自民间的汉字俗解。其中有些内容，“俗文学”也罢，荒诞也罢，读者朋友切莫当真。你尽可把先贤们的论著当作学术理论，把我这儿写的，权且当作插科打诨。因为我的目的很简单，我只是想通过这些小故事、小笑话，以及诗词、对联、谜语、民歌、童谣、字谜、谐音、测字、解字、解梦，避讳这些形式，加上奇闻轶事、文坛掌故……以此搭座桥、凑个趣，使朋友们认识这些字，辨别这些字，掌握这些字，记住这些字。

我愿把这套书，献给对汉字情有独钟的朋友。让大家在茶余饭后，有个谈笑的话题。这种话题，雅俗共赏。

我愿把这套书，献给学汉字的外国朋友。让他们更多地了解汉字的丰富多彩。愿他们在轻松愉悦中掌握汉字。

我愿把这套书，献给青少年朋友们。让他们在课外阅读时，带着笑脸，品味每一个字的结构和内涵。

我愿把这套书，献给我的教师同行们，为他们在备课时提供点资料，使他们在讲课时增加点情趣，让他们在课堂上引发出阵阵欢笑声，使孩子们在寓教于乐中理解汉字的博大精深。

当你手捧这一套沉甸甸的《一字一世界》时，我要深情地向你介绍为这套书的出版作出不懈努力的至爱亲朋。首先要说的是我的出版人申晓华先生。他不辞辛劳，担当风险，近十年来不离不弃，专注于此书的出版发行。好友曹文轩先生，热情为这套书作序，为这套书增光添彩。资深编审王林军先生，是这套书第一版的责任编辑，他为这套书奠定了基础。著名画家，装帧设计家朱成梁先生，为这套书的第一版，设计了精美的封面和版式。著名漫画家何天卫先生和叶霆先生，为这套书提供了大量生动活泼的插图和图案。著名儿童文学家方国荣先生，为这套书的第二版出版，作出了不懈的努力。这套书由第一版的七百余汉字故事，增补为两千余故事，经历了十多年的艰辛创作，其间幸有编审谢芳女士，著名汉字研究专家唐汉先生，古典文学博士陈光先生，著名青年书法家陈义望先生……他们参与了这套书的审读、修订和把关，指出了书中的不足和差错，保证了这套书的出版质量。因为这套书讲的是汉字知识，出版社是以辞书的标准来保证这套书的质量的。

图书出版，是很难完美无缺的，总会留下一些缺憾。这套《一字一世界》也概莫能外。我壮志不已，耕耘不辍，仍在收集汉字故事，愿继续努力，将三千多常用汉字，都配上生动有趣的故事，编成一本既可当字典，又可当故事的“阅读字典”，以供读者朋友们赏阅。

说到读者朋友，我激动不已，感慨万千。自该书出版十多年来，因书中有我留下的手机号码，我先后收到一百余位读者来电。有的指出差错，有的提出建议，有的给予鼓励，有的提供故事，有的只讲了几句：感谢你，继续努力……

我决不辜负读者朋友的厚爱，再接再厉，使这套书日臻完善。如你购得此书，那我们也就心灵沟通，成为志同道合的文友。君不闻，前世修得八百次回眸，今生方得一次擦肩而过。你我有缘，你才翻阅此书。以书会友，是我三生有幸。

如蒙赐教，请记住我的手机号码：13705181009。我当洗耳恭听。

感谢你阅读此文！

感谢你阅读这套书！

二零一九年三月

于南京长江大桥塆

目录

F

一字一世界

F

用手轻轻抹去——拂

fú

拂

小篆的“拂”字是个左右结构的形声字兼会意字。左边的“提手旁”作形符，表示跟“手”的动作有关；右边的“弗”字读“fú”，作声符并会意。“提手旁”的“手”字与“弗”字组合，指用手轻轻地撣（dǎn）去、抹（mǒ）去。因是用手去撣、去抹，所以古人用“手”字作“抹”字的形符。

古人为什么用“弗”字作“拂”字的声符呢？

甲骨文的“弗”字是会意字，字形像将箭杆紧紧地捆扎在一起，使其变直，不弯曲。当中一竖一长撇表示箭杆，外面的弯曲形是捆扎的绳索。隶变后的楷书写作“弗”。其本义指“矫正箭杆使其恢复变直”，后来引申指“治理不正之物”。

楷书的字形由小篆演变而来，写作“拂”。

“拂”字的本义指“撣去、抹去”，如撣去或擦去灰尘垢土称“拂试”，拂灰尘或驱赶苍蝇蚊子的用具称“拂尘”，天快亮的时候称“拂晓”。

“拂”字由本义引申指“轻轻地擦过”。如风吹来了温暖称“拂煦”，也称“春风拂面”；微风掠过称“吹拂”；吹拂、飘动称“披拂”，也称“飘拂”；形容风微微地吹动称“拂拂”。

“拂”字又引申指“甩动”，如拂袖而去。

“拂”字还引申指“不顺、违背”。如“拂意”指不合心意，不如意；“拂逆”指违背、不顺。

拂 小篆

拂 隶书

拂 楷书

溪涨清风“拂”面

关于古人推敲诗句的故事有很多。北宋文学大师王安石诗“春风又绿江南岸”中的“绿”字，就是一例。

推敲诗句对提高理解字词水平和使用词语能力大有帮助。清代曾将“敲诗”作为科举考试的一种试题。如今一些高考或中学语文试卷中也有“类似”“敲诗”的选词填空题。1988年全国高考语文试卷中便有这样一道题：

溪涨清风（）面，（吹）（掠）（袭）（拂）
月（）繁星满天。（落）（圆）（明）（上）
数只船（）浦口，（傍）（依）（横）（到）
（）声笛起山前。（声）（有）（几）（一）

这首诗是南宋大诗人陆游所作的“夏日六言”，写的是闲适恬静，清幽自然的夏夜。试题要求考生将后面四个字中最准确的字加到括号里。

第一句应是“溪涨清风拂面”。“拂”面的意思是轻轻地擦过，表现出风之轻微，不是“吹”那么急促，也不是“掠”那样一掠而过，更不是“袭”那样突如其来气势汹汹。“拂”的轻微柔软，与“清风”相呼应。其他三字“风力”太大。

第二句就是“月落繁星满天”。此句中“月落”二字应与首句“溪涨”相对，因为后四字中只有“落”字与“涨”相对。按生活常识和自然规律也可看出，月明则星稀，只有月落时才表现出夜已深沉，显出满天繁星之幽静。

第三句就是“数只船横浦口”。“横”字逼真地写出船儿随意地横在水面上，更显得闲适。若是用“傍”或“依”均有靠近等动感。若是用“到”字就显出忙乱，大呼小叫，无闲适可言了。

第四句应是“一声笛起山前”。“一声”有突兀之感，如空山闻鸟鸣，反衬出深夜之深寂幽静。若是选“有声”或“几声”，就让人心烦了。若是“声声”则全诗意境无全，简直就是天已大亮，码头已人声鼎沸了。

物体漂在水面上——浮

fú

浮

金文

小篆

浮

隶书

浮

楷书

小篆的“浮”字是个左右结构的形声字兼会意字。左边的三点水作形符，表示跟水有关。右边的“孚”字读“fú”，是“孵”字简省的写法，作声符并会意。三点水与“孵”字组合，指物体漂在水面上。

因指的是物体漂在水面上，这跟水有关，所以古人用三点水作“浮”字的形符。

古人为什么用“孵”字作“浮”字的声符呢？

“孵”字是个会意字，左边的“卵（luǎn）”字指禽类所生的蛋；右边的“孚”字表示孚在上面，即伏在蛋上，用体温使卵内的胚胎发育成幼禽。而物体漂浮在水面上，与鸟儿孵蛋的形式相似，所以古人用“孵”字作“浮”字的声符并会意。

楷书的字形由小篆演变而来，写作“浮”。

“浮”字的本义指“飘在水面或其它液体表面及半空中”，如浮动、浮桥、浮桶、浮云、悬浮、漂浮、浮沉等。

“浮”字由本义引申指“在表面上的”，如浮雕、浮尘、浮肿。又引申指“暂时的”，如商店把账目暂时记在水牌上，泛指账目没有切实结算而暂记上称为“浮记”。“浮”字由“在表面上的”引申指“不踏实、不沉着”，如浮躁、转浮。由上义引申指“空虚，不切实际”，如浮夸、浮华、浮名、浮浅、虚浮。

“浮”字还假借指“在脑子里出现”，如浮现、浮想。又假借指“超过、多余”，如浮额、浮报。

浮水而生

民国年间，有位著名的军事家、爱国者名叫吴佩孚。吴佩孚手下有位团长，名叫吴金富。此人崇拜吴佩孚，改名为吴敬孚。参谋建议他，加个三点水改为“敬浮”，免得别人说他谄媚吴大帅。

这一年，吴敬浮率军驻扎在河南洛阳，他听说测字名家大不同在洛阳，就穿便衣前往求测。

吴敬浮一见大不同，就递上数十大洋红包，然后写个“浮”字，请测前程。

大不同打量了一眼吴敬浮道：“先生以‘浮’字测前程，此字恐与先生大名或出生地有关。”

吴敬浮答道：“兼而有之。”

大不同道：“仁者爱山，智者爱水。从‘浮’字看，先生想必出生于河海之滨，故左旁有三点水。你此生有贵人相助，此贵人如七级浮屠，对你影响深远。”

吴敬浮微微点头。大不同见了，话锋一转，说道：“不过，你这‘浮’字，水份太重暂且不说，先说右边这‘孚’字，上为‘爪’字头，表示用手抓。抓什么？一把抓住你。先生幼时常在水中嬉水，也曾溺水，被人一把抓住头发拉起来，救了一命。”

吴敬浮道：“我现在客居中原，与海无缘了。”

大不同连连摇头：“不可大意。你和相助你的贵人一样，都是深孚众望的人，但‘孚’字周围险象环生。你看，左旁加个单人旁便是‘俘’字。如若你是军人，行军作战，就得防备身旁小人，这个小人跟‘孚’字相合就是‘俘’字。让你成为俘虏的人，不是跟你对阵厮杀的敌人，而是你身边的人。如‘孚’字加三点水就是浮。你千万记住，你不想做俘虏，就要往水边靠，你是水边出生的人，与你的祖先一样，浮水而生，择水而居，你若听我的忠告，还是回你出生之地，打渔摸虾，总比流落中原好……”

此番话，引起了吴敬浮一番深思。

fú

符

金文

小篆

符

隶书

符

楷书

调兵凭证——兵符

小篆的“符”字，跟今天的“符”字相近，这是个形声兼会意字。上面是“竹字头”，表示这个字跟竹子有关；下面是个“付”字，是这个字的读音。“符”字的本义是“出入门关的凭证”。

“符”是个什么样的东西，何以能作凭证?

从古书记载看，“符”最早是用竹子制的，约六寸长，一左一右，分为两半，合拢起来成为一个整体。有关方面各执一半，将各自的一半拿出来合在一起，若相符，才能相信，准许通过。古代除了用于进出关门作为凭证外，也是传达皇帝命令，调兵遣将的凭证。这就是战国时信陵君救赵盗兵符中的“符”。

在古代，“符”除了开始用竹子制作的，后来还有用铜和玉制成的，形状也各不相同。

在“符”字中的“付”字，从形声字来看，它是读音。但若从会意字的角度看，也很有意思。

“付”字本身就是个会意字，左边的“人”字把手里的东西交给他人。“符”的“竹字头”表示“符”是一种交给他人的竹制的凭据。

“符”是凭证，所以就代表事物的标记、记号，如音符、符号。“符”分两块，要合起来相符，称为“符合”，如数字相符、与事实不符。

因为“符”是重要凭证，有神奇的力量，所以道士画的声称能驱鬼神的图也叫符，如护身符。

日常生活中，人们把不认真写的字或画的画戏称为“鬼画符”。

半碗豆腐——符

清朝道光年间，扬州城里有一个富翁老来得子，为了保佑儿子平安，特意打造了一把金锁挂在儿子的脖子上。谁知儿子在八岁那年，竟被人杀死了，脖子上的金锁也不翼而飞。

州官接到报案，立刻控制了全城的当铺。没多久，一个姓符的人拿着那丢失的金锁去典当，被捕快当场抓获。虽然人赃俱获，但嫌疑犯死不认罪，一口咬定金锁是在地上捡到的。

州官沉思片刻，说道：“既然你是在地上捡的，那土地老爷一定知道是真是假，本官就请土地老爷来托梦断案吧。”说罢，便伏在案桌上昏睡起来。半个时辰后，州官慢慢醒来，说梦见土地老爷请他赴宴，可是桌上只有半碗豆腐，碗上还架着一根筷子。用这一根筷子怎么能吃成豆腐呢？所以他忙活了半个时辰，也没吃到一口。

州官话音没落，围观的人都哄笑起来，这时，州官接着说道：“这半碗豆腐，就是‘腐’字的一半，下面的‘肉’字去掉了，剩下的一半是个‘付’字，‘付’上加竹筷子，不就是个‘符’字吗！来人啊，给我把这个姓符的关进死牢。”

姓符的顿时吓得面如土色，浑身发抖，以为真是土地老爷显灵了，赶紧低头认罪。他哪知道，这是州官已经认定是他做的案，就假装做梦，然后编造这个故事，引他认罪。

fú
幅

布帛等的宽度——幅

小篆的“幅”字，是个左右结构的形声字兼会意字，左边的“巾”字是形符，表示跟衣巾布帛有关；右边的“畐”字读“fú”，作声符并会意。这两个字形组合在一起，指“布帛等的宽度”。

古人为什么用“畐”字作“幅”字的声符呢?

古代的“畐”字有酒杯里充满酒的意思，本义指“充满”。而只有把布帛全部展示出来才可以计算出它的宽度。而全部展开即有布帛“满”的意思，所以“幅”字用“畐”字作声符并会意。

“幅”字的本义指“布帛等的宽度”，凡布料、呢绒等面料的宽度都称“幅面”。布帛的边缘称“边幅”，比喻人的仪表衣着也称“边幅”，如“不修边幅”。

“幅”字由本义引申泛指“宽度”。如物体振动或摇摆所展开的宽度称“幅度”，用来比喻事物变动的大小以及政策放宽的尺度也称为“幅度”；农田垄沟中播种作物的宽度称“播幅”；上升的幅度称“升幅”；文章的长短、书刊篇页数量多少称为“篇幅”；竖挂的长条字画称为“条幅”；图画的尺寸和总称称为“画幅”；横的字画、标语等称“横幅”；国家领土面积疆域称“幅员”。

“幅”字也作量词用，一般用于布匹、呢绒、书画等，如：三幅布、两幅画、一幅字。

幅
小篆

幅
隶书

幅
楷书

“截后幅”和“抱财土”

中国的民俗风情，可谓丰富多彩，千姿百态。就拿人死后安葬来说吧，各地的风俗就不一样。但总的一点是不变的，那就是祈求福祉，长寿平安、富贵吉祥。人们在追求这些福祉时，往往会对一些事物产生丰富的联想，联想过程又跟这些事物的名称读音有关，这就又牵涉到汉字谐音这一话题了。

自古以来，中国盛行厚葬的风气，以此表示对逝者的尊重和怀念。一般父母入葬后，儿子还要在墓前搭草屋守孝三年哩。逝者的棺材，要用上好的木材打造。棺材又分为里外两层，里面一层叫“内棺”。外面套的大棺材称椁（guǒ），称外棺。把死者放进棺材里叫“入殓（liàn）”。死者入殓后，送葬的人往往会在死者衣服后面，即后幅剪下一块留作纪念。

为什么将衣裳后幅剪下呢？这里有两组谐音字。在棺材里剪下的衣服可称为“棺衣”，“棺”与“官”谐音，因此又可称“官衣”，这就与高官厚禄联系上了。衣服的后幅剪下来，可视作吉祥物，因“幅”与“福”谐音，且是“后幅”，这样又与“后福”谐音了。“大难不死，必有后福”，“后福”也算大福啊。

棺材下葬时，北方农村有个风俗，不论哪一辈的媳妇，都抢着从墓坑里抓一把土，兜（dōu）在衣襟里，掉头就跑，一口气奔回家，将土洒在炕的席子底下，谁头一个抱回家，谁家就有财运，就会富裕兴旺，这就叫“抱财土”。借“棺财之土”的谐音，把“财富”的“财”字藏在土中。这种风俗，恐怕出于农民祖祖辈辈对土地的崇拜和眷恋吧？还有什么能比得上埋入土中，跟土地融为一体更安全，更可靠呢？

fú

福

甲骨文

金 文

小 篆

福

隶 书

福

楷 书

向神灵敬酒求福

甲骨文的“福”字，是个左右结构的会意字，左边是“示”字旁。在甲骨文中，“示”是个象形字，字形像祭祀祖先和神灵用的桌子，上面一短横表示桌子上的祭品，在这儿表示祭祀神灵的意思。右边是个酒坛子的形状，其实是个“酉”字，本义就是酒坛子，加上三点水就是“酒”。

可见，“福”就是用美酒敬献给祖先和神灵，以求平安幸福，这就是“福”字的本义。

求福，是福的本义。祭祀祖先和神灵时，除了酒之外，还有肉和其他供品。在古人看来，有酒有肉，这是再幸福不过的了。

金文和小篆的“福”字，与今天的楷书已十分相似。甲骨文的“福”字，右边是酒坛子，后来变成了“畐”字。这“畐”是个大肚子酒壶，表示满的意思，“满”就是很丰满。有吃有喝身体才丰满，看上去才有福相，这就是“福”的引申意。

也有人认为，以上解释均太勉强，“福”的右边“畐”是由“一口田”三个字组成，其意思是一人一口田，也就是耕者有其田。一个人有了田就不愁吃，不愁穿了。不愁吃穿，事事顺心，这就是“福”。人们常说“知足常乐”，有了吃穿，何尝不是“福”呢?

唐・褚遂良《雁塔圣教序》

东晋・王羲之《淳化阁帖》

慈禧太后赐福

说到清朝年间的慈禧太后，那是人尽皆知的。

据说慈禧太后爱看京剧，常召艺人进宫演戏给她看。她若一时高兴，会给角儿们赐点小礼品，以示恩典。

这天，慈禧在宫中看“三岔口”，见演员小金童演技不凡，便赏他几块糕点尝尝。小金童忙磕头谢恩，但转念一想，这点米糕吃下肚便没了，若讨得老佛爷一幅字挂在家里，多荣耀！

小金童连连磕头，说：“吃了老佛爷糕点长力气，求老佛爷赐个字，天天看着长精神！”

太后一听，乐了，问：“写什么字？”小金童说：“老佛爷福大寿大，就写个福字吧！”

太后听了，吩咐太监拿来文房四宝，铺开万年红纸，挥笔写下一个大大的“福”字。

太后不知是一时疏忽还是真的不会写，竟把“福”字的“礻”字旁写成了“衣字旁”，凭空多了一点。

太后身旁的小太监提醒道：“老佛爷，福字不是衣字旁，多了一点呀。”太后看了，不由一愣，不知如何改才好。

正巧，大太监李莲英进来了，他可真会阿谀奉承，说：“老佛爷的福气当然比世人多一点嘛！”

小金童心领神会，接口说：“老佛爷赐福给奴才太多，可承受不起呀。”

慈禧听了，便顺水推舟说：“好吧，另赐一个你消受得起的福字吧！”说罢，另写了个大大的“福”字。

fú

蝠

甲骨文

小篆

蝠

隶书

蝠

楷书

飞行中的蝙蝠

小篆中的“蝠”字是由甲骨文演变而来的，字形是个左右结构的象形字，也是个形声字兼会意字。

先说象形字，甲骨文的“蝠”字就像一只在飞行中的蝙蝠。到小篆时，就成了个形声字兼会意字。左边的“虫”字是形符，表示它跟“虫”有关；右边的“畐”字读“fú”，作声符兼会意。

这蝙蝠近似于怪兽。它像鸟，会飞翔，行走时又像老鼠，所以它用“虫”字作形符。蝙蝠的前后肢及尾部，都由膜翼相联，成为一体，当中没有残缺，即有圆满的意思，所以“蝠”字用“福”字的一半“畐”字作声符并会意。

“蝠”字的本义指“一种头与躯干像老鼠，四肢和尾部有膜相连，能在空中飞行的哺乳动物”。

“蝠”字组词几乎只有“蝙蝠”一词。蝙蝠这奇特又会飞的小哺乳动物，它能捕食蚊虫蛾子等昆虫，但它视力很弱，飞行时靠本身发出的超声波反射来引导飞行。

五“蝠”捧寿

在八万多汉字中，最受人们欢迎的，莫过于“福”字了。你看，逢年过节，家家门上、墙上、窗上都贴“福”字，而且是倒贴的，为的是求福早日到来。正因如此，与“福”字同音的“蝠”字也身价百倍。就连“蝠”字这一名称专属权的拥有者“蝙蝠”，其命运也彻底改变了。

蝙蝠是种会飞的小动物。它倒挂在洞穴或屋檐下，每逢夏日傍晚，它们成群结队地飞出来，捕捉蚊虫。它形似老鼠，长着翅膀。不属虫，也不属鸟，它是一种会飞的哺乳动物。

在西方文化或文学作品中，蝙蝠是一种极不受欢迎的艺术形象。因为它常在黑暗中出没，嘴尖，常叮咬其它动物，以致出血，被视为凶恶的动物，是嗜血杀人的化身。它常常作为在阴森森的，极为恐怖的环境下的标志性动物，出现在电视或电影中。

而在中国，因“蝙蝠”名称中的“蝠”字与“福”字谐音，这善飞的经常在黑暗中出没的小怪物却成了一种吉祥物而受到了人们的青睐。在中国民间年画中有它的图案，在中国大批古建筑物中，常见到精美的木雕、石雕、砖雕中，也有蝙蝠的形象，其形态舒展优美，造型活泼可爱，看不到一点丑恶凶残的意味。

人们常见的是五只蝙蝠，在围绕一个“寿”字飞舞，这就是“五蝠捧寿”。

“五蝠捧寿”与先民们的五个幸福观念相关。哪“五福”呢？《尚书•洪范》中说：“五德，一曰寿，二曰富，三曰康宁，四曰攸（yōu）（有）好德，五曰考终命。”翻译成现代话来说，“五福”就是长寿，富贵，健康平安，有好的德性，最后就是善终，死的时候不痛苦。这五个幸福标准，拿到今天来让全民讨论，恐怕也是为大多数人所认可的。

在这“五福”之中，“长寿”是第一位的，还有什么比健康长寿更幸福呢？所以五只蝙蝠捧着“寿”字在飞舞，就是人们最理想的追求了。“五蝠捧寿”也就成了中华民俗文化中最美的图案之一了。

砍东西的工具——斧

fǔ

斧

甲骨文

金文

小篆

隶书

楷书

甲骨文的“斧”字是个象形、形声兼会意字，“父”字为读音，在甲骨文中，“斤”字是个象形字，是一种横刃的砍木头的斧子，一般称为“斧斤”，横刃为斤，竖刃为斧。“斤”字用在这儿，指砍人、砍东西的工具。“斤”表示这个字与刀有关，其本义为“砍人劈物的工具”。

“斧”字为什么用“父”作声符？因为“父”字有“把”的意思，也可理解为“执持”之义，而斧子必定有个把手，这样才能握得住，能砍物、劈物，正因如此，所以“斧”字用“父”作声符并会意。

“斧”字，是名词，也作动词用，如用斧砍。请人改文章称为斧正。

“斧”，也是古代的一种兵器，或作杀人的刑具。

《说文古籀补》

元·饶介《三希堂法帖》

《隶辨》

三写“斧”字

上海淮海路有家五金店，店面不大，但品种齐全，顾客盈门。

卖刀斧之类的柜台人不多。一位年轻漂亮的女售货员正接待一位顾客，看样子，这是位外来打工的，正在附近搞装修，斧头坏了，来买把新斧头。

这位木匠师傅买了斧头，请售货小姐开张发票。这位小姐不含糊，唰唰唰，几笔就写好，又唰地撕下，把发票交给木匠师傅。

木匠师傅一看，疑惑地问：“小姐，你这斧头的斧字写错了吧？像我爷爷的爷字了。”

售货小姐拿回发票，说：“啊，让我看看。”她盯着发票看看，手中的笔在桌子上“笃笃笃”地点了几下，皱着眉头说：“唔，我改一改……”可她不知怎么改。

木匠师傅毕竟经常与斧头打交道，他提示道：“斧字上面是个父字，下面一撇，再一撇……”

售货小姐将原先的“爷”字涂掉，然后按他的提示一笔一画写好，交给木匠师傅。

木匠师傅接过一看，叽咕道：“你把‘爷’字改成‘爹’字啦。”

售货小姐面有怒色，生气地说：“你不是说一撇又一撇吗？拿来，我再改！”

木匠师傅用手指在桌上写着，说：“我说的是父字下面一撇，再一撇啊，是个斤字，买一斤肉两斤肉的斤字……”开票小姐这才明白过来，将发票上的“爹”画掉，终于写成了个“斧”字。

存财物文书之地——府

fǔ

府

金文

小篆

府

隶书

府

楷书

金文的“府”字是个形声字兼会意字，由“广”字“贝”字及“付”字组成。在这里“广”和“贝”作形符，“付”作声符。

小篆的字形承接金文，但省去了“贝”字，成了个左上包围结构的形声字兼会意字。左上方的“广”字作形符，表示跟高大的房屋有关。“府”字右下方的“付”字读“fù”，作声符并会意。

“付”字与“广”字组合，指储藏财物文书之地。因是储藏财物文书之地，这跟房屋有关，所以古人用“广”字作“府”字的形符。

古人为什么用“付”字作“府”字的声符呢?

金文和小篆的“付”字是个会意字，左边的“单人旁”指人，右边的“寸”字指“手”，两形合一指“手拿物品给予人”，本义指“交给”。因“付”有拿东西交给别人之义，“府”是把财物等拿到这屋里收藏起来，有“交付到此”的意思。而府里收藏的财物等到需要时又要给予别人，这里也有交付之义，所以古人用“付”字作“府”字的声符并会意。

楷书的字形由小篆演变而来，写作“府”。“府”字的本义指“收藏财物和文书的地方”，如府库。“府”字由本义引申指“官员办公的地方。现指政府机关或大学。”

“府”字由本义还引申指旧时贵族住宅，也指现在国家元首办公或居住地，如王府、府地、总统府。“府”还指唐朝至清朝时的一级行政区划，如开封府、济南府。

“城府”和“心机”

“府”字指旧时官吏办公的地方，也是官方收藏文书或财物的地方。旧时官僚旧族的住宅也称府，近代以来也用来称某些国家政府首脑办公的地方，如总统府、王府。在跟“府”字搭配而成的词语中有个词叫“城府”，这个词颇有讲究。

“城”字，指城池、城墙或城堡。“城”字与“府”字相合组成“城府”，有两层意思，一是指旧时的城市和官府；二是比喻一个人待人接物颇有心机。若是说一个人很有心机，潜台词是指这个人很会算计人，城府很深，那就得提防着点。若是说某人没有城府，多指这个人为人坦城直率，没有心机。从这个意义上讲，“城府”一词，多带有贬义。

“城府”怎么会跟“心机”二字扯在一起呢？

早在三国以后的晋代，有人在书中谈到司马懿时，就称赞他“性深阻有如城府，而能以宽绰以容纳。”这里的“深阻”，是指他性情深藏而不外露，不喜怒形于色，很沉得住气。“深阻”二字中的“深”字形容“府”，“阻”字形容“城”。古时的城池都建筑在有险可据的交通要道上，这样才能守得住，保证安全，不至于被敌人一攻就破，因此城池要修得固若金汤，易守难攻，这就是“阻”，而且是有险可阻，故称为“险阻”。

管理百姓的官府必须是深宅大院，极其威严而又幽深神秘，这样才使百姓对官府有敬畏之心，所以官府占地面积要广、纵深要远，不能一览无余，一眼看到底，要有纵深感，这便是“侯门一入深似海”。就这样，官府深不可测，就跟人的心机深不可测联系在一起了。一个人，老谋深算，见人从不多说一句话，只是静静地听对方高谈阔论，他严守着内心的城池，不让对方攻破，这就是“城府深”。反之，对人不设防，全抛一片心，这便是没城府，或城府浅。那些城府深的人，就像城池把守严密，不让人揣摩出他的心思。人家就会对他产生敬畏之心、防范之心、害怕之心，有的也就干脆敬而远之，不敢与他接近了，这也就是“城府”一词含有贬义色彩的原因。

fǔ

釜

小篆

釜

隶书

釜

楷书

古代的炊事用具——釜

金文的“釜”字是个上下结构的形声字，上面的“父”字是声符，读fù，古代“父”字是“斧”字的本字，指一种工具，在这儿表示“釜”是一种炊事用具。

远古时代的炊事用具都是陶器，所以金文下面的字形是表示陶器的“缶”字，这个字读“fǒu”，本义指作陶器、瓦器。后来出现了个异体字，将“父”字下面的“缶”字写作“金”，可能指炊具已被铁等金属代替了。隶变后的楷书将“金”字简省为“⾦”，于是便写作“釜”。

“釜”字的本义指“古代蒸煮食物的炊具”，具体说就是烧菜煮饭的锅。

三国时期曹植写的“七步诗”：“煮豆燃豆萁，豆在釜中泣。本是同根生，相煎何太急？”诗中的“釜”便是锅。釜底抽薪、破釜沉舟、釜底游鱼、鱼游釜中等，其中的“釜”字都指烧饭用的锅。

“无釜”和“无妇”

《周公解梦》一书，在民间流传甚广，影响很大。

这里，我们不想探讨做梦的科学理论或解梦的迷信荒诞，我们只说个解梦小故事，看看古人是怎么解梦。

北宋末年，四川成都有个读书人名叫谢石，他是专业测字的开山人物，有“测字圣手”之称。他著书立说，广收门徒，对后代的测字行业影响颇大。据说，他不仅是测字名家，同时也是位解梦高手。测字和解梦，有时也是互通的。

有位名叫陈尚武的浙江人，常年在成都做茶叶生意，这天一大早，他忧心忡忡地找上门来，焦急不安地对谢石说：“先生，在下昨日做了个怪梦，现在还在眼前出现呢。”

谢石道：“说来听听，再作道理。”

陈尚武道：“我昨夜梦见自己饥肠辘辘，便淘米煮饭，但烧了半天，不见动静，再抬头一看，发觉我把米和水，放在舂（chōng）米的石臼（jiù）里煮，我弄不明白，怎会做这等荒唐梦呢？”

谢石想了想，说：“大多数梦都是荒诞不经，无理可讲的。一般说来，日有所思，夜有所梦。你长年在外经商，你每日所想的是什么？”

陈尚武脱口而出：“当然是挂念家中的父母和妻儿啰。”

谢石道：“你最想念的恐怕是你的夫人吧？这也是人之常情。你梦见自己在石臼中做饭，说明你做饭没有锅。锅，即釜也……”

谢石又道：“‘釜’与‘妇’及夫人的‘夫’同音，只怕尊夫人见你长期不归，已远走他乡了！”

陈尚武一听，如五雷轰顶，急忙离去，收拾行装，日夜兼程赶回家乡，但妻子已不知去向……

车轮外两条直木——辅

辅

金文

小篆

輔

隶书

辅

楷书

小篆的“辅”字，是个左右结构的形声字兼会意字。左边的“车”字是形符，表示跟车子有关；右边的“甫”字读fǔ，作声符并会意。“车”字和“甫”字组合，指车轮外的两条直木。因指的是车轮外的直木，跟木料有关，所以古人用“木”字作“辅”字的形符。

古人为什么用“甫”字作“辅”字的声符呢?

甲骨文、金文和小篆的“甫”字都是象形字，就像田里长出菜苗似的，是“苗圃”的“圃”字的本字，隶变后写作“甫”，后来借用为男子的美称，“苗圃”之义就另加方框写成“圃”来表示。

男子美在哪儿?美在坚实壮直有阳刚之气。车轮外的两根直木有增强车辐承载力的作用，显得扎实、挺拔，所以古人用“甫”字作“辅”字的声符并会意。

楷书的字形由小篆演变而来，写作“辅”。

“辅”字的本义指“安装在车轮外侧用来加固车轮的两根直木”。

“辅”字由本义引申指“帮助、辅助”，如帮助和指导称“辅导”，从旁帮助称“辅助”，政治上相协助称“辅佐”，辅佐大臣称“辅弼（bì）”，给婴儿吃的辅助性食品称“辅食”。还有辅音、辅修、辅路、辅料、辅币等词。

“辅”字也作姓氏用。

拆解“辅”字说跳槽

这天，南京奇人郑可鉴率团到浙江横店影视基地游览，有位眉清目秀、长相斯文的小伙子，一直跟着他，求他测个字，看能否在横店找到合适的工作。

用不着多问，郑导也能猜个八九分，这小伙子是个想靠长相俊俏，在横店这些影视基地做个能一夜成名的群众演员。据他自己说，他姓章名艺模，已拍过近百集影视剧，“死”过不知多少回了。他曾搞过摄影，当过节目主持人，当过时装模特儿……但干不长。不是他炒了老板，就是老板炒了他。他仰慕郑导大名，希望他在从业这件事上指导一下，请他测个“辅”字，为他指点迷津。

他俩坐在车后，郑导指着“辅”字说：“古代的‘辅’字，左为‘车’，右为‘甫’。这‘甫’是车轮外的直木，为的是增强车轮的承载力，所以，‘辅’字有帮助、佐助的意思。我们常说的辅导员、辅导工、辅导老师，就是从这儿来的。另外，‘甫’字在古代是男子的美称。与‘车’字相组合为‘辅’，指某男子与这辆车相送，这也就是起辅助作用。有个成语叫‘辅车相依’，就是指将美男子随车相送。你当过时装模特，这也是一种职业，但你没当多久又跳槽了。就像这‘辅’字里‘甫’字，它有刚刚、开始的意思。表示刚开始就又有变化了。”

章艺模不服气：“跳槽有什么不好呢？”

郑导听了，语重心长地说：“小老弟，我说句不怕你生气的话，你是聪明面孔笨肚肠。我说到现在，重点说‘辅’字只是起个辅导作用，有你无你无关大局。你是群众演员，多一个少一个无所谓，可少了你所崇拜的导演可就不行。你稍有不满就跳槽，跳来跳去，就把青春跳掉了。人与社会，相辅相成，你要是适应社会呢，还是要社会适应你？这‘辅’字，你还得好好琢磨呢。”

fù

父

甲骨文

金 文

小 篆

隶 书

父

楷 书

教训子女的父亲

“父”字是一个指事字。在甲骨文中，它的字形像一个人右手举着棍棒，意思是手里举着棍棒，教育子女要守规矩。这个人是家长，即父亲。所以它的本义就是“父亲”，如父族、父业、父子。

金文的“父”字由甲骨文演变而来。小篆的“父”字由金文演变而来，它们的基本形状大体相似，都是一只手拿着一根棍棒在教训子女的样子，指出这个手持棍棒的人就是父亲。

“父”在古代也是“对老年男子的尊称”，如渔父、江东父老。

现代汉语中，“父”字除了表示本义之外，也是“对和父亲同辈的男性亲属的称呼”，如伯父、叔父。后来也称姻亲中的长辈，如舅父、姨父、岳父。

“父”字也表示“对某一种大事业的创始者的尊称”，如：国父、革命之父、氢弹之父、水稻之父。

唐·怀素《圣母帖》

唐·颜真卿《多宝塔碑》

宋·黄山谷

“父”字戴帽子

关于“父”字有这么一则笑话故事。

从前，天津有个大富豪名叫陈百万。他有钱有势，样样称心，可就是儿子小百万天资欠缺，上了几年学，仍没识几个字。陈百万一气之下，把小百万送到北京一所著名小学，请名师辅导，一心要将儿子培养成才。

小百万没辜负父亲的希望，半年下来，他在名师的指点下，学业有所长进。这天，他决定给父亲写封信，汇报自己的学习情况。可当他提起笔准备写“父亲大人”四个字时，一下子忘了“父”字该怎么写了。

没办法，小百万只好翻字典，寻找“父”字。

小百万找了半天，终于找到个跟“父”字相似的“交”字。他以为“交”字就是“父”字，还自言自语：“嘿，这父字跟我爹一样，也会戴帽子。这一点一横当帽子戴上，我差点认不出‘父’字来了。”

［瓦当欣赏］

战国 画像瓦当

fù

负

金文

小篆

負

隶书

负

楷书

人背货币有依靠——负

金文的“负”字是个会意字。小篆的字形由金文演变而来，隶变后楷书写作“負”，后简化写作“负”。这是个上下结构的会意字，也是表示人背着很多钱财。有人把这说成是因背负钱财，所以有恃无恐。

“负”字的本义指“依靠、依仗”，如依靠险要有利的地势称“负隅”，即“负隅顽抗”。

由本义引申指“担当、担任、承担”，如所担当的工作、所负的责任、所付的费用等称“负担”，担负责任、认真、踏实称“负责”，承当也称“担负”，自己负责或自以为了不起称“自负”。

“负”字又引申指“遭受”，如身体受伤称“负伤”，受到委屈称“负屈”。还引申指“享有、具有”，如久负盛名、负有名望。由此再引申指“背、扛”，如担负重任或背上背着沉重的东西称“负重”，用脊背驮或担负称“背负”，沉重的负担称“重负”。负载、负荷、负荆请罪等都是背、扛之义。“负”字也指“欠、亏”，如心中感到不安、抱歉称“负疚”，欠别人的钱财称“负债”，违背了别人的好意、期望称“辜负”，使人吃亏称“亏负”。由此又引申指“输、失败”，如输赢也称“胜负”。

“负”字也指“背弃、违背”，如背弃情谊、违背良心称“负心”，违背诺言、失约称“负约”。“负”字也假借指数学上“小于零的”，如负数、负号。还假借指“得到电子的（跟‘正’相对）”，如负电、正负、负极。

“负”字也作姓氏用。

忍辱“负”重

这天，无锡梁溪谜语研究会的朋友，在会长马汉文家聚会。小陶在琢磨谜友们发给他的几则字谜，有两个说的是“负”字：“赔掉一半，减免一半”，指“赔”与“免”各取一半合成“负”字，这种谜面太俗套，没有创意。“脱贫不再锁双眉”，这则谜面虽有创意，但难以把“脱贫”和“双眉”跟“负”联系起来。

赵纪方见小陶紧锁双眉的样儿，建议道：“今后举办市民讲座，我们可以把谜友们的兴趣由字谜引导到对汉字本身的理解和运用上来。就拿‘负’字来说吧，上为‘人’，下为‘贝’，指人背着宝物钱财。这个人是要承担责任，担当风险，受苦受累的。他挑多重的担子，就要负多大的责任，这是成正比的。数学上有正负之别，比赛中有胜负之别，做生意有赚钱负债之别。这个背着钱财宝物的负责人不是好当的。我们探讨汉字，就是要深刻理解词义。”

赵振南说：“‘负’音通‘父’，很有道理。为人之夫，为人之父，就要担负一家之主的重任。‘养不教，父之过’，养家糊口、教育子女，哪一样不要操心？古人用‘父’字与‘负’同音是有道理的。”

马汉文说道：“二位所说，使我想到成语‘忍辱负重’。父辈不仅要挑生活重担，还要承受沉重的心理压力。陆老师是我的好朋友，他是上海特级教师。他有一儿一女，妻子是小学校长。陆老师除了忙教学，回家就忙家务，洗衣做饭，样样在行。他家有两室一厅，朝南的大房间让给儿子当婚房，朝北的小房间老夫妻俩当卧室。周末在上海读大学的女儿回家，就跟母亲住一起，陆老师就在客厅打地铺。半夜里，儿媳养的哈巴狗常钻进被窝跟他作伴。妻子当惯了校长，对丈夫如同对学生一般，陆老师很无奈，他只能把痛苦和烦闷深深埋在心底。他无力改变现状，就这样在苦闷中煎熬。他跟我通电话时，我能感受到他的忍辱负重，万般无奈……”

fù

妇

甲骨文

金文

小篆

婦

隶书

妇

楷书

手持扫帚的妇女

“妇”字的繁体字写作“婦”，这是个左右结构的会意字。

古代甲骨文的“妇”字，左上方是一把用高粱穗扎制而成的笤帚，就是吸尘器普及的今天，人们还在用这种笤帚；再看右边，这是一个半跪着身子的女人。两个形状组合在一起，表示手拿笤帚在打扫屋子的人就是“妇”。

金文的字形也大致相同。到了小篆的“妇”字，把“女”字移到了左边，笤帚的形象变成了“帚”，后来逐渐变成了“婦”，又简化成了“妇”。

手拿笤帚扫地，是典型的家务劳动的情景，所以“妇”的本义就是“服侍丈夫，操持家务的女人”。

妇字的本义几乎没有什么变化或引申。所有的词汇都与本义有关，如已婚的年轻女子叫少妇，与丈夫在一起称夫妇。还有妇女节、妇道、妇幼等都跟妇女有关。

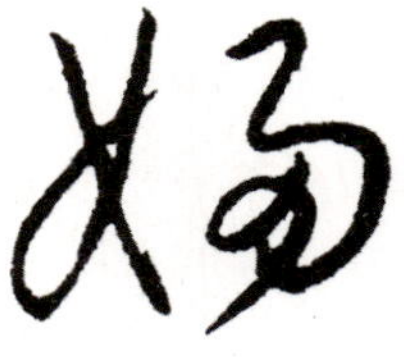

唐·怀素《圣母帖》

唐·孙过庭《草书千字文》

唐·颜真卿《麻姑仙坛记》

东晋·王羲之《十七帖》

妇女推翻山

关于“妇”字，有这么一段“妇女推翻山”的文字故事。

1955年，新中国正式开始了文字改革，许多难写难学的繁体字都被简化了，妇女的“妇”字便在其中。

原先，“妇”的繁体一直为“婦”，简化之后，许多人都不习惯，纷纷说，还是繁体的“婦”字好记，因为它的左边的“女”旁指妇女，右边的“帚”是扫帚，这左右合在一起，意思是妇女拿着扫帚在家劳动，既生动又形象。现在改成“女”和“山”，有些不伦不类。

意见很快传到了周恩来总理的耳朵里。在一次讨论文字改革的座谈会上，议论到这个字时，周总理笑着说：“我觉得这个字改得就很好，‘女’加歪倒在一边的‘山’，分明是指当今的妇女推翻大山，得到了解放嘛！”

听了周总理这番生动幽默的解释，所有人都会心地笑了。

fù
附

金文

小篆

附
隶书

附
楷书

小土山长着草木——附

小篆的“附”字是个左右结构的形声字兼会意字。左边的“阝”字读fù，作形符。古代的“阜”字是个象形字，像古人在其所居的地穴的墙上挖出的供上下用的脚窝形，隶变后的楷书写作“阜”。作偏旁时放在字的左边写作“阝”。本义是“侧壁上挖的上下脚窝”。古人穴居必选在土层高厚之处，所以引申指小土山。在这儿作“附”字的形符，表示跟小土山有关。“附”字的右边是“付”字，读“fù”，作声符并会意。“付”字与“阜”字组合，指“小土山上长着草木”。因指的是小土山上长着草木，所以古人用“阜”字作形符。

古人为什么用“付”字作“附”字的声符呢？

因为草木是长在小土山上的，小土山的“土”给予草木生长之地，而“付”字有“付出，给予”之义，所以古人用“付”字“附”字的声符并会意。

楷书的字形由小篆演变而来，写作“附”。

“附”字的本义指“依从、从属、依赖”。如言语行动追溯别人称“附和”，多含贬义；依附、归属称“附属”；同意别人的提议，作为共同提议称“附议”。还有附庸、归附、攀附等词。

“附”字由本义引申指“随带、另外加上”，如附带、附笔、附会、附加、附件、附注、牵强附会。

“附”字又引申指“靠近”，如附近。

“附子”和父子

却说明朝永乐年间，扬州有两位名士，一位叫马家鼎，一位叫丁邦元。两人都精于书画，吟诗作对更不在话下。这年春节，二位应高邮一位文友邀请前往作客。主人盛情款待，特地在市中心鸿运酒楼摆下宴席。席间，丁邦元见街对面一豪宅大门上贴着一副门联：

诗第一，书第一，诗书第一；
父秀才，子秀才，父子秀才。

丁邦元纳闷父子秀才有何可张扬的？儿子已是秀才，老子仍是秀才，屡试不中的老秀才值得如此自夸吗？

友人摇头叹息说：“这对父子仗着有钱有势，上下打点，花银子买了两个秀才名号，其实是衙门师爷跟县太爷相勾结，干了不少伤天害理的事。”

正说着，县城开中药店的吴老板赶来了。他听说扬州两位书画大家来了，就托文友请二位题个店名。这家中药店就在这父子秀才家对门。丁邦元听说此事，灵机一动，跟马家鼎耳语了一番，对药店老板说：“新年头里，难得到高邮。承蒙你看得起，马兄写个匾额当店名。我就写副对联送给你。”

众人捧出文房四宝。马家鼎写了匾额，丁邦元凝神屏气，一副对联，一气呵成：

生地一、熟地一，生熟地一；
附当归，子当归，附子当归。

这副门联，格局与父子秀才家的门联相同，但此联所有词语都是中药材名称，符合用作药店的门联。但仔细品味，“附”字与“父”字同音；“归”字与“龟”字同音，“地”字与“第”字同音，这里是不是暗藏着另一种意味？

急速奔向凶险处——赴

fù
赴

金文

小篆

赴
隶书

赴
楷书

小篆的“赴”字是个左下包围结构的形声字兼会意字。左下方的“走”字旁作形符，表示跟行走有关；右上方的“卜”字读“bǔ”，作声符并会意；“走”字与“卜”字组合，指“急速地奔向凶险之处”。因指的是“奔向凶险之处”，这与走路有关，所以古人用“走”字作“赴”字的形符。

古人为什么用“卜”字作“赴”字的声符呢？

“卜”是古代烤龟甲后“卜”的一声，龟甲裂开显出各种裂纹。古人以裂纹的形状来占卜凶吉祸福。龟甲爆裂时速度很快，古人取其“速裂”之义，用来表示“迅速赶往凶险之处”，所以用“卜”字作“赴”字的声符并会意。

楷书的字形由小篆演变而来，写作“赴”。

“赴”字的本义指“急速赶往凶险之处”。由这一本义引申指“快步走”。由此又引申指“前往，去”，如去参加会议称“赴会”，去战场作战称“赴敌”，国家发生危难时奋力参加拯救称“赴难”，朝着一定目标奔去称“奔赴”，前往某处或开往某一目的地称“开赴”，敢于蹚过沸水、踏上烈火称“赴汤蹈火”。还有赴任、赴死、赴宴、赴京、赴约、前赴后继、赴险如夷、全力以赴等词语。

“赴”字也指在水里游，如赴水。

“赴”和“赴汤蹈火”

“赴”字作动词用，指到某处去。如赴宴。

成语“赴汤蹈火”，意为跳进滚水，蹈着烈火，比喻不避艰险，奋不顾身。说起这一成语，有段历史故事。

东汉班固写的《汉书·晁（cháo）错传》中，记载了这么一件事。西汉时期，有位政治家晁错，本是位学者，汉文帝时，任太子舍人、博士等。以善辩深受太子信任，被称为“智囊”。太子继位后称汉景帝。汉景帝任命他为内史，不久升为御史大夫，掌管朝政大权。他积极推行减轻赋役政策，建议募民迁徙充实边塞地区，防御匈奴贵族的侵犯。他还建议削减封在各地为王的刘家子弟的权力和领地。他的建议，汉景帝没有一样不采纳的。

晁错对西汉王朝忠心耿耿，提出了许多改革主张，他给汉景帝的上书有三十多件，其中有一件是专门谈鼓励将士保卫边疆的。他主张凡在保卫边疆时能打胜仗，或坚守不退的，应当提升官级；能攻破敌人城池阵地的，应当给予奖励。这样才能使将士们“蒙矢石，赴汤火”。

“蒙矢石，赴汤火”，就是冒着敌人的飞箭和石炮，甘愿奔入到滚水和烈火中去，奋不顾身，拼死杀敌。后人将“赴汤火”这句话发展成成语“赴汤蹈火”。“赴”，就是奔赴；“汤”，就是滚开的热水。“赴汤”就是走到或跳进沸滚的开水里去也心甘情愿；“蹈火”，就是脚踩着烈火也在所不惜，比喻不顾艰险，奋不顾身。

在出入口来回走——复

fù

复

甲骨文

金文

小篆

復

隶书

复

楷书

甲骨文的“复”字是个会意字。字形的上半部像两个人在地穴的出入口，字形的下边是“夂”字，这个字读“suī”，像朝下的一只左脚，表示迟疑退回之意。为什么不落脚而迟疑呢？因为这人是在来来回回地走，有进出往来之意。

金文的“复”字在进出地穴口加了台阶的形状，小篆的复字由甲骨文和金文演变而来，楷书的字形由小篆演变而来，写作“复”，如今又作了“復”与“複”的简化字。

“复”字的本义指“进出往返”。

也有学者认为，甲骨文的“复”字是个上下结构的形声字兼会意字，下面的“止”字是形符，表示跟用脚行走有关；上面的“畐”字读“fú”，作声符并会意；这两个字组合在一起，指“扛着满满的东西回去”。因“止”字就是脚，且是“左脚”，回去就得用脚走，所以“复”字以“止”字为形符。“畐”字有“满”的意思，所以用作“复”字的声符并会意。后来的金文加了表示行走的“辵”字，读“chuò”，小篆简化为“復”。隶变后楷书写作“復”，现简化为“复”。

“复”字的本义指“去，回来”，如往复、反复。由本义引申指“回报、回答”，如答复、回复、批复。又引申指“再，又”，如复出、复查、复活、复审。由上义又引申指“恢复、还原”，如复古、复婚、复辟。又引申指“报仇”，如复仇、报复。“复”字作“複”字的简化字，指不单一的、繁杂的，如复杂、复本、复句、复合、复音、复姓等。

康有为挽谭嗣同——复

康有为是近代改良派领袖，他曾发动一千三百多人上书清帝，要求变法图强。后又组织强学会、报国会，创办报纸，宣传改良。1898年，光绪皇帝召见康有为，并采纳了他的变法主张。于是从1898年6月11日开始变法，到9月21日慈禧太后发动政变软禁光绪皇帝，共一百天，史称“百日维新”。参与变法的维新派人士谭嗣同等六人被杀害。康有为、梁启超逃往国外。这场改良运动以失败而告终。

参与变法的主将谭嗣同，字复生，湖南浏阳人，是近代改良主义的政治家、思想家。他学识渊博、鄙视科举，早年游历西北、东南各省，遍访各界名士，广结朋友，组织学社，创办《湘报》，宣传变法，抨击旧政，成为维新派的中坚力量。后光绪皇帝召见了他，让他到军机处办事，主持变法。他不辞劳苦，日夜忙碌，为变法殚精竭虑。但由于袁世凯的出卖，变法失败。康有为、梁启超等人出国逃亡。梁启超临走时劝他一同出逃，谭嗣同说：“若无人出逃，我们的事就会中断，你们应该尽快出走。我是不走的。”说罢，他将自己写的书稿拿出来交给梁启超，请他将来发表于世，唤醒后人。

梁启超走后，谭嗣同父亲派人接他躲避到安全地带，他一口拒绝：“各国变法，都是流血才成功的，既如此，为变法而流血的事，由我开始吧。”

不久谭嗣同被保守派荣禄抓获。他在狱中给康有为、梁启超写了绝命书，希望活着的人同心协力，挽救国家的危亡。

不久，谭嗣同英勇就义。

康有为得知谭嗣同被害后，悲痛万分，想到变法无望，更为忧虑，于是写下挽联，寄托哀思：

复生不复生矣

有为安有为哉

“复生”是谭嗣同的字，意为复生已死，不能再复生了；变法无望，我康有为也无能为力啊。

用刀把一物分开——副

fù
副

小篆的“副”字是个左右结构的形声字兼会意字。右边的“立刀旁”作形符，表示跟刀斧之类有关；左边的“畐”字读“fú”，作声符并会意。“刀”与“畐”组合，指“用刀把一样东西分开”。因是用刀分开一物，所以古人用“刀”作形符。

古人为什么用“畐”字作“副”字的声符呢?

甲骨文的“畐”字与“福”字同源。在甲骨文中“畐”字是会意字，像双手举起酒樽（zūn），向祭台洒酒的形状，表示祭神灵祖先祈福之义。“畐”字突出酒樽里的酒很满，本义指“盛满酒的酒樽”，后引申指“充满”。因“畐”字表示充满，表示器皿中毫无空隙，故又读“bì”，引申指“狭窄、紧迫”。

因“畐”字有“满”的意思，满了就容易溢出分开，而“副”有用刀剖开一分为二之义，所以古人就用“畐”字作“副”字的声符并会意。

楷书的字形由小篆演变而来，写作“副”。

“副”字的本义指“剖开、分开”，因剖开分开便是一分为二，这分开的部分便不再是原来的主体了，而是居于第二位的，辅助类的了。由此“副”字引申指“次要的”，如副官、副职、副手、副刊、副食品、副主任、副教授等。

“副”字也指“附带的”，如副业、副本、副作用、副产品。“副”字也表示“符合”，如名不符实。

“副”字也作量词用，如一副笑脸、两副手套、全副武装。

𠠐
小篆

副
隶书

副
楷书

割除其害得后福——副

这天，家住城中明瓦廊的刘四爷来找南京夫子庙文德桥头的测字大师胡铁嘴，说有件为难事，请胡大爷想想办法，出出主意。

说来也很简单，刘四爷有个连襟叫张家富，张家富在三山街有间临街的门面房，双方签字画押订了合同，两家合伙开了家杂货店，张家富以门面房入股，进货及流动资金由刘四爷出资，获利两家平分。头年生意红火，获利颇丰。这半年，张家富染上了赌博的恶习，输了钱，竟当家贼，干起了监守自盗的勾当，小店被他偷得难以为继了……

胡铁嘴听罢，呶呶嘴："摸个字，以字说事。"

刘四爷从布袋里摸出个"副"字。胡铁嘴在纸上写了个"副"字说："你看，这'副'字右边是立刀旁。事物用刀拆开，剖开就会变成两个，其中一个就属'副'，表示次一等，第二位。如今你们两家合开的店，张家为主你为副。这'副'字左边的'田'字为财产，这财产就是房子。'一口'是财产的主人。主人是谁？是张家富！"

刘四爷叫道："这不公平啊，我出钱了啊！"

胡铁嘴道："这'副'字卸了右边的立刀旁，加上走之旁就是'逼'字。你被逼无奈，只好离开。"

刘四爷摆出架势道："我要是不走呢？"

胡铁嘴道："你不走就得天天往里贴钱呀，这是个无底洞啊。你当初为了'富'才出资开店的，如若你还想'富'，就得为'富'脱掉头上帽子，旁边配上腰刀厮杀一番才能成为'副'手啊。"

胡铁嘴这一说，刘四爷两眼发光，似乎明白了。

fù
赋

金文

小篆

隶书

楷书

用武力收税——赋

在金文中，“赋”字是个上下结构的会意兼形声字。上面是个“武”，既是读音，也表意思；下面是个“贝”字，表示这个字与金钱有关。

小篆的“赋”字承接金文，只是将字形改为左右结构。这个字形形象地说明了“赋”就是凭借武力征收各种苛捐杂税。人们往往不愿交税，有时就要动用武力。

也有人认为，在这儿，“武”字除表示读音外，还表示国防。意思是为了巩固国防，大家必须出钱，用于军费开支。这样理解，也无不可。

“赋”的本义就是“敛取、征收”。

“赋”指征收，主要是指征税，所以赋也指“税”，田赋，就是指土地税。

“赋”是下级向上级交钱，所以又逆向引申为上对下，表示“交给、给予”，如赋予、天赋、赋性。

“赋”也指“作诗作词”，如赋诗一首、赋词一首。

“赋”，还是我国古代诗文中常用的一种文体，如《赤壁赋》。

唐·褚遂良《房玄龄碑》

宋·陆游《三希堂法帖》

宋·苏轼《赤壁赋》

错把"赋"字看成"贼"

有些字，在字形上很相似，猛地一看，分辨不出来，容易读错，还会闹笑话。

读错字，除了文化浅和粗心大意之外，主要是对字的结构缺乏了解，未做合理分析，特别是形声字，除了对声旁要了解之外，还要理解形旁的意思，这样就不会搞错了。

例如，贼"字和"赋"字，左边都是"贝"字。"贼"，表示一个人手握刀戈之类的兵器去毁坏东西，它的本义是毁坏，后来引申为"偷东西的人"；"赋"字，表示"用武力征收税款"。"贼"和"赋"的意思和用法是完全不同的。

有人若分不清两者的不同，一旦看错，就闹笑话了。

南京长江里有个小岛，名叫江心洲。民国年间，岛上住的人不多，只有洲尾有个小村子。村头有座庙，每逢清明前后，许多人到岛上游玩，顺便到小庙里烧烧香，还还愿。

有位文人来到岛上，因多喝了点酒，诗兴大发，当场作了首赋，写在墙上，题目叫《江心赋》，引来不少人欣赏。

隔了几天，有几个年轻人结伴来到岛上，其中一位小个子看到"江心赋"三个字，吓得扭头就跑，边跑边嚷："我早就说过，江心有贼！江心有贼！快走快走！"

朋友们笑话他，说："你看清楚，这是诗词歌赋的赋，不是贼！"

小个子凑近了，看了又看，自言自语道："你说它是赋，但我横看竖看，怎么总有些贼样子！"

fù
傅

金文

小篆

隶书

楷书

辅助帝王子弟的太傅

金文的“傅”字是个左右结构的形声字兼会意字。左边的单人旁是形符，表示跟人有关；右边是个“帝”字，作声符。这两个字形组合在一起，指“辅助帝王子弟的人”，所以“傅”字以“人”字为形符，“帝”字为声符。

小篆的字形由金文演变而来，但有所变化。它将声符“帝”字变成了“尃”字，这个字读“fū”，含有“施行”的意思。“尃”字与“人”字组合，写作“傅”，有“给人辅助”的意思。后来的楷书字形由小篆演变而来，就成了“傅”。

“傅”字的本义指“辅助的人”。古代朝廷中德高望重又很有学问的人当皇帝子孙的老师称作“太傅”。

“傅”字由本义引申指“负责传授技艺的人”，如“师傅”。

“傅”字也作动词用，指“搽粉”，也称“傅粉”。

“傅”字作动词用，指把没有关系的事物说成有关系，把没有某种意义的事物说成有某种意义，这就叫“傅会”，也称“附会”。如牵强傅会。

“傅”字也作姓氏用。

注意：傅字没有简体字，并未简化为“付”。

《现代汉语词典》在解释“傅”字时，特地注明“傅”字在作姓氏用时，也有俗写作“付”的。应该说，那样写是不规范的。

“师傅”一词的来历

避讳这个习俗，在中国封建社会执行得很严格，特别是对皇帝姓名的避讳，人人都要执行，因为这是“公讳”，如有违反，严惩不贷，有许多人为此丢了官职或丧了性命。

对帝王或帝王祖先名字的忌讳，不仅影响到那个时代的人，有些还影响到后代子孙对语言文字的学习和使用哩。

这里讲个有关“师傅”一词的故事。

晋朝的开创者名叫司马懿（yì），就是那个被诸葛亮空城计吓退了的人。司马懿的大儿子名叫司马师，他是个很有文韬武略的人，跟随父亲南征北战，立下了赫赫战功。晋朝第一代皇帝，除了司马懿，非他莫属。但那时司马家还在为曹操的后代魏王效忠，不能称帝。到时机成熟时，司马师却得病去世了，第一任皇帝就由司马师的侄儿司马炎担任，这便是晋朝开国皇帝晋武帝。

晋武帝司马炎对伯父司马师很敬重，司马师虽未登基当过皇帝，晋武帝仍追封他为景皇帝，称为晋景帝。既然封为晋景帝，那么一切礼仪就要按皇帝的规格来执行，头一件事就是避讳的大事。

晋景帝名“司马师”，要避讳“师”字，以什么字来替代呢？满朝文武，群策群力，最后选中了个“傅”字。

“师”字本义指四周的小土山，有众多的意思。后假借指“老师”，又引申指“擅长某种技能的人”。而“傅”字的本义指“辅助帝王子弟的人”，又引申指“负责传授技艺的人”。这样，“师”字与“傅”字就有许多相通的地方，以“傅”代“师”，最好不过了，于是就有了双音词“师傅”。如今这个称呼已走进千家万户，成了最朴素、最真诚的敬辞，已是妇儒皆知，不绝于耳了。

家中有酒就是富

fù

富

甲骨文

金文

小篆

富

隶书

富

楷书

甲骨文和金文的“富”字，大致相同，是个会意字。你看，那三角形的外框，表明这是座屋子。到了小篆和楷书时，成了宝盖头。宝盖头代表“家”。

屋子里有个椭圆形的物体，我们可把它看作是酒坛子。

酿酒必须要用米，只有吃饱了饭，有了多余的米才能酿酒，由此可见，这户人家很富足。所以“富”的本义就是“富足”。

“富”字用来形容财物多，与“贫”字相对，如贫富不均、嫌贫爱富。

“富”字的词义扩大后，也泛指一般意义上的丰富，如富饶、富有同情心、富有事业心。

岁月与时间也是财富，所以称年轻人“年富力强”；长相胖胖的，称为“富态”；宏伟又美丽称为“富丽”；地多称为“富农”；钱多称为“富翁”；有钱又有地位称为“富豪”“富贵”。

《说文古籀补》

北魏《高贞碑》

汉《三老讳字忌日记》

福灾各一半——富

康熙年间，有个人一心想成为富人，于是省吃俭用半辈子，好不容易积攒了一些银两。虽然有钱了，可却吃不香睡不着了，因为他生怕被强盗小偷盯上。

一天，他路过一个道观，便进去求了一支签，签上写着一个“富”字。这是什么意思呢？自己今后到底是凶是吉呢？他越想越纳闷，就找了一个道士，来解解这支签。

道士看了他一眼，不紧不慢地说：“取‘福’字和‘灾’字各一半合在一起便是个‘富’字，因此施主的这支签既是福也是灾，请好自为之吧。”

此人细细一琢磨道士的话，再看看手里的“富”字，心里豁然开朗。是啊，人还是顺其自然的好，有钱当然是福，但像自己这样整天提心吊胆，不正是一种看不见的灾吗？

从此以后，他以慈善为本，助人为乐，不唯利是图，做了不少好事，也受人尊敬，日子过得很舒心。

人的肚子——腹

fù

腹

甲骨文

金文

小篆

腹
隶书

腹
楷书

小篆的“腹”字是个左右结构的形声字兼会意字。左边的“月肉旁”作形符，表示跟肉有关；右边的“复”字读“fù”，作声符并会意。“复”字与“肉”字组合，指“肚子”，对人而言，指的是腹部。因是指肚子，这跟肉体及肌肉等有关，所以古人用“肉”字作“腹”字的形符。

古人为什么用“复”字作“腹”字的声符呢?

甲骨文的“复”字是个会意字，字形上面像有两个出入口的地穴，下面是“夂”字，是指一只脚，表示进出往来。隶变后楷书写作“复”。本义指“进出往返”，后来引申指“还原、答复、重复、复杂”等义。因“复”有来回反复重复之义，而人的肚子里的肠子、胃等都有张开、闭合、吸收、分泌等重复不止的活动，所以古人用“复”字作“腹”字的声符并会意。

楷书的字形由小篆演变而来，写作“腹”。“腹”字的本义指“肚子”，在胸腔下面，如腹部、腹腔、腹泻、腹痛、腹胀、空腹、遗腹子、捧腹大笑、大腹便便。

“腹”字由本义引申指“内心”。如嘴上不说，而心里认为不对称“腹诽”；心里想好，但还没写出的稿子称“腹稿”；藏在内心或指特别信任的人称“心腹”。还有推心置腹、心腹之患、口蜜腹剑等。“腹”字还引申指“器物的中空而凸出的部分”，如瓶腹、壶腹。

腹诽之罪

腹议、腹案、腹稿这些词，都是指嘴上不说，但心里在思考。若是用上“腹诽”这一词，麻烦可就大了，封建社会里这是一项重罪，弄不好要掉脑袋的。

“诽”字指毁谤，也称“诽谤”，指无中生有，说人坏话，毁人名誉，有诬蔑之义。“诽谤”是有罪的，别人会告你“诽谤罪”，严重的也会坐牢。但若是仅仅心中不满，有反对之义，不为外人所知，这构不成犯罪。但有人不是这样认为，他把心中，也就是腹中诽谤，定性为“腹诽罪”。始作俑者就是汉武帝时的酷吏张汤。

汉武帝是位有作为的皇帝，但他好大喜功，连年征战，致使国库亏空，他就挖空心思，想方设法，增加税收，搜刮百姓钱财。后来，他别出心裁，想用白鹿皮制成货币，强行在王侯和宗室之间使用。为此，他向分管皇家财政的大司农颜异征求意见。

颜异是个清廉正直的官员，他认为此法不妥，于国无益。汉武帝为此大为恼火，但又不便发作，便记在心上。

朝廷负责司法的大臣叫张汤，此人心狠手辣，刑讯逼供，无所不用其极，属“酷吏”。他当时正受到汉武帝的重用。

张汤跟颜异素来不和。张汤见颜异得罪了汉武帝，便想趁机报复。正巧有人举报颜异议论朝政，张汤便借机将颜异关进大狱。

这举报人举报的是什么事呢？说来可笑。

这人举报说，有一次他与颜异闲聊，他认为新颁布的一项法令有些不妥，问颜异有何看法。颜异没有回答，此人认为颜异不认同他的意见，便责怪他胆小怕事。

此事落到张汤手里，他审理的结果是，颜异身为朝廷大臣，听人谈到对法令不满，不及时向朝廷进言，只在自己肚子里诽谤，这便是“腹诽之罪”，论罪当处死。汉武帝对颜异本就心中不满，他同意张汤的判决，于是颜异就以“腹诽罪”被处死。这是中国有史可查的第一桩因“腹诽罪”而被处死的案子。

fù

覆

金文

小篆

覆

隶书

覆

楷书

底朝上翻转过来——覆

甲骨文的“復”字是个会意字，上边像两个出入口的地穴形，下边是一只脚，表示进出往来之义，引申为“重复”和“返回”之义。而上下颠倒也有上下返回的意思，所以古人用“復”字作“覆”字的声符并会意。

小篆的“覆”字是个上下结构的形声字兼会意字，上面的字形写作“覀”，但不同于“西”，这个字原是“襾”，读“yà”，是个象形字，在这儿作形符。小篆的字形像上下包裹覆盖的形状。隶变后的楷书写作“襾”，作偏旁写作“覀”，本义指“覆盖、包裹”。“覆”字下面是“復”字，读“fù”，作声符并会意。“覀”字与“復”字组合，指“底朝上翻转过来”。因是指“翻转过来”，有覆盖之义，所以古人用“覀”字作“覆”字的形符。

楷书的字形由小篆演变而来，但将上边的字形变成“覀”，写作“覆”。注意：“覆”字不能简写作“复”。

“覆”字的本义指“翻转”，指底朝上翻过来。如全部消灭称“覆灭”；翻船沉没或全部被消灭及领土被敌人占领都称“覆没”，灭亡也称“覆亡”；上下或内外交换位置，或指发生巨大变化，来回翻身、颠来倒去称“翻覆”；使其失败、倒下称“倾覆”；“天翻地覆”指发生巨大彻底的变化。

“覆”字由本义引申指“盖住、蒙”，如遮盖、掩盖称“覆盖”。“覆辙”指“翻过车的道路”，比喻前人失败的经验教训。

“覆”和“覆水难收”

远古时代有位传奇人物名叫姜子牙，原名姜尚。他的祖先曾帮大禹治水，立了大功，被封在吕地，因此他就姓吕。

姜子牙精通兵法，很有才学，可他空有本领无处使，大半生穷困潦倒，家中日子清苦，妻子马氏见他年过半百，也没混出个人样儿来，不愿跟他受苦，丢下他另谋生路了。姜子牙无奈，便到渭水边的蟠溪，即今日陕西宝鸡附近的一条小溪边搭了间茅屋，以钓鱼为生。

这儿是周文王的领地，姜子牙希望能在这儿遇上周文王，好展示自己的才干。天从人愿，这天周文王打猎路过这儿，正巧看到姜子牙，两人一见如故。周文王邀姜子牙进宫畅谈，两人谈得十分投机，周文王便拜他为国师，称他为“尚父”，这时姜子牙已八十高龄了，所以人称“姜太公”，民间流传“姜太公八十遇文王”便来自于此。

姜太公不负众望，他以自己杰出的军事才干，帮助周文王的儿子周武王消灭了商朝，建立了周王朝。因姜太公建国有功，周武王封他为齐王。姜太公的前妻马氏得知此事，不由十分后悔。当姜太公骑着高头大马，被人前呼后拥地来到齐国时，马氏冲到路中央，对着姜太公跪地痛哭，叩求与姜太公恢复夫妻关系。姜太公下马，令人到路边一户人家端来一盆水泼在地上，然后将木盆递给马氏说：“你把倒在地上的水收回盆子里再说吧！”

倒在地上的水是不可能收回来的。姜太公借此断然拒绝了马氏的请求。

后人将此事归纳成“覆水难收”这一成语，形容事情已到了无可挽回的地步，也说作“覆水不收”“反水不收”。这“覆”字，作动词用，是指倒水。

无独有偶，西汉大臣朱买臣，家贫好学，其妻弃之另嫁。后来朱买臣做了大官，衣锦还乡，前妻跪在马前请罪，朱买臣叫人泼下一盆水，叫她收回来。后人把此事编成戏剧《马前泼水》，其故事与“覆水难收”十分相似。

一字一世界

G

gāi

该

小篆

該

隶书

该

楷书

军队里的戒律——该

小篆的“该”字是个左右结构的形声字兼会意字。左边的“言字旁”作形符，表示跟说话言论有关；右边的“亥”字读“hài”，作声符并会意。“亥”字与“言”字组合，指“军队里的戒律，指约法，条令及各种规矩”。因是指各种条令、约法，这些都有文字记载、口头宣读，要求人人牢记并执行，所以古人用“言”字作“该”字的形符。

古人为什么用“亥”字作“该”字的声符呢？

古代的“亥”字就是“刻”字的本字，最早的“刻”字，隶变后楷书写作“亥”。“刻”有“雕刻”之义，雕刻时不能出错，由此引申指“严格要求”。而军队中的任何条令、法规、戒律都要严格执行，不可违反。从这个意义上讲，“亥”在古代是与“戒”相通的，所以古人用“亥”字作“该”字的声符并会意。

楷书的字形由小篆演变而来，写作“该”。

“该”字的本义指“军队中的戒律，约法，条令”，由本义假借指“应当、应当如此”，如该杀、该当、该死、该打、本该、活该、应该。“该”字假借指“亏欠”，如你还该人家两万块钱呢！“该账”就是欠账。

“该”字还假借“上文说过的人和事”，如该人、该地、该校、该生品学兼优、该地交通发达等。

猪八戒的话不能听——该

大石坝街茶叶店老板徐文才，是南京夫子庙文德桥头摆测字摊胡铁嘴的好友兼托儿。这天，徐文才的小姨子从乡下逃到他家，因为她以死抗争，决不按他父亲的主张，嫁给镇上一个花花公子做妻子。徐文才设计，让老丈人进城测个字，由胡铁嘴教训教训他，吓唬吓唬他，让他断了这念头，给小姨子一条生路。

徐文才将老丈人带来，便借故走了。胡铁嘴以礼相待，跟高老太爷攀谈起来。老太爷气呼呼地说“胡大爷，你评评理，女儿出嫁的事，我该不该管，能不能管……”

胡铁嘴道：“虽说儿大不由娘，但婚姻大事，父母还是该问该管的……”

老太爷急忙说：“那你就给我测个‘该’字，看我给她找的这户人家好不好，能不能定亲！”

胡铁嘴提笔写了个“该”字问：“这户人家怎样？”

老太爷竖起大拇指：“人人都夸好！”

胡铁嘴皱起眉头说：“不对吧？从字相上看，你要测的‘该’字左为‘言’旁，右为‘亥’。‘亥’者按十二地支排在末位。申酉戌亥，猴鸡狗猪，猪为亥，‘亥’旁加‘言’，那是猪八戒说的话怎么能听呢？”

当头一记闷棍，把高老太爷打昏了。他自言自语道：“也有说这家坏话的。谁没背后言呢？”

胡铁嘴正色道：“老先生说得对。别人说啥我不管，‘言’字放到一旁，暂且不提，现在，单说右侧‘亥’字，不吉利呀。你看，‘亥’字上是六字形，但又不全。再看底下是个小人儿，这小人儿左边一撇，倒也有力道，但右边一捺断掉了，这就是人不长久之兆啊。”

高老爷子惊叫道：“将来会没后代？”

胡铁嘴责备道：“这‘该’字左边只有说瞎话的‘言’字，没有儿子的‘子’字，哪来的孩子？只怕你女儿将来无后啊……”

高老爷子听了，头上冒汗，脸色发白，眼看快要昏过去了。

手持鞭子教子改过

gǎi

改

金文的“改”字是会意字。左边是“已”，像一个跪着的小孩子；右边是“攴”，像手持杖或执鞭。合起来就表示教子改过归正之意。小篆的字形与金文相似，它们的本义都是指“改变”，如乡音无改鬓毛衰。

现代汉语中，“改”的本义继续被沿用，如改期、改行、改嫁、他的样子一点都没改。

“改”除了本义之外，也有“改正、纠正”的意思，如改过自新、改邪归正。

此外，“改”还有“修改、修订”的意思，如改作文、改文章、篡改、衣服太大，往小里改一改。

“改”，也是“改革”的简称。如土改，就是土地改革；文改，就是文字改革。

甲骨文

金文

小篆

改

隶书

改

楷书

北魏《魏灵藏造像记》

北魏《张猛龙碑》

唐太宗《晋祠铭》

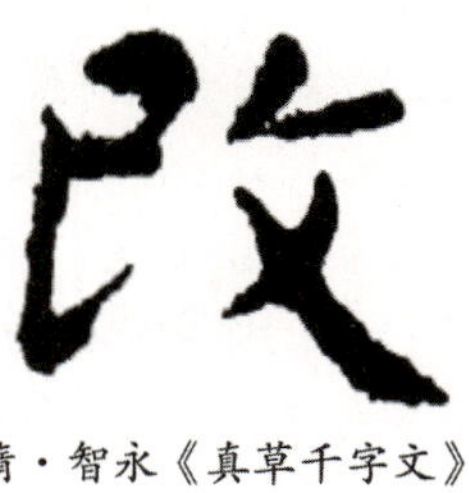

隋·智永《真草千字文》

自己的文章多修改

关于“改”字，有一个“自己的文章多修改”的故事。

北京大学有位著名学者，一生从事编辑和教育事业，他有许多妙趣横生的语言，至今仍为学生所津津乐道。

有一回，一个学生写了一篇文章请他过目，老学者觉得写得不太好，便让学生回去修改。

几天后，这个学生将文章修改好了，请老学者看。老学者看了仍然不满意，觉得学生改得不够用心，于是就在文章上方写了一个“改”字，语重心长地说：“‘改’字拆开是‘己’和‘文’，就是说自己的文章一定得再三修改才行，千万不能骗自己呀！”

学生满脸羞愧，回去后用了一个多月的时间，逐字逐句地打磨修改，终于得到老学者的认可。

用茅草编成的盖子

gài

盖

金文

小篆

蓋

隶书

盖

楷书

金文中的“盖”字是个形声兼会意字。上面是草字头，作形符，表示跟草有关；下面是个“盇”字，读“hé”，为声符。后来“盇”字变为“盍”，再加草字头就变为“盖”。应该说，这是正宗的“盖”字，而原本作为俗体字的“盖”字成了“蓋”字的简化字，现在成为最准确的“盖”字了。

“盖”字的本义指用茅草编成的覆盖物，所以用草字头。而“盇”字有覆盖的意思，所以“盖”以“盇”作声符并会意。

“盖”字是个多音字，读“gài”时，指“覆盖的器具”，如盖子、缸盖、锅盖。另外还有壶盖、瓶盖之类。

“盖”字也指人身体上像盖子的骨骼及动物背部的甲骨壳，如：天灵盖、膝盖、乌龟盖儿。

“盖”字作动词用时，指由上而下地遮掩、蒙上，如盖被子、丑事被遮盖了。古时把伞称之为“盖”，现在有些方言中还有把伞叫作雨盖的。

“盖”字由本义引申指“蒙上、遮掩”，如覆盖、欲盖弥彰、铺盖、遮盖。又引申指用印打上，如盖图章、盖印、盖邮戳、盖钢印。

“盖”字又引申指制造，如盖房子、翻盖，也指压倒、超过，如盖世无双。

“盖”字读作“gě”时，作姓氏用。

五人说“盖”字

台湾有个旅游团，组织了一批游客来到了内蒙古的鄂尔多斯大草原。草原美景使他们心醉了。中午，牧民们将大家领进帐篷，只见美酒盛宴摆了七八桌，酒香肉香，真让人垂涎欲滴。

这批游客，大都是文化人，其中有几位是“台北谜语研究会”的要员，酒虽喝高了，但他们仍没忘了制谜猜谜。会长陈志见一盘盘羊肉端了上来，便下了道指示：“诸位，羊肉端上来了，我看能不能立个规矩，先说个跟眼前景象有关的字谜，大家认可了，才能动嘴，好不好？”

众人齐声喊好。老刘第一个出谜，他指着一条羊腿说：“一口咬去多半截！”有人随口说：“‘多’字去半截，这是个‘夕’字。”

陈会长微微点头，表示认可，但不太满意。

吴先生举手要求出谜，他说：“一口咬掉牛尾巴！”

老刘不满地说：“鹦鹉学舌，我说咬半截，你说咬牛尾巴。这是个‘告’字。”说罢，他把吴先生面前的半截羊尾巴抢走了。

王先生说：“既然不许再说咬尾巴，那我就来个‘砍掉羊尾巴，不见一点血’。”

陈会长点头称妙，夸道：“看来这是个‘盖’字。上面的羊尾巴砍掉了。下面的‘皿’字就是‘血’字少一点。妙！妙！”

吴先生高声叫道：“会长，羊尾巴放在盘子上，如何？”

陈会长一听，拍案叫道：“更妙！更妙！”

众人要陈会长也露一手，陈会长含笑说道：“那我就来个古色古香的——姜女既去，孟子不还。”

“姜”字去掉“女”字，“孟”字去掉“子”字，剩下的两部分不就是“盖”字么，陈会长拔掉酒瓶盖子，举在手中说：“来吧，干杯！”

含在嘴里的美味——甘

gān

甘

甲骨文

金 文

小 篆

隶 书

楷 书

“甘”字出现得很早，在甲骨文中就有了。它与“口”字很接近，只不过在“口”中加了短短的一横，这一横是指另一件事。指什么事？它是告诉人们，人口中含物，而且味道鲜美，这鲜美的味道留在口中，不愿吞咽下去，要含着细细品尝，慢慢咀嚼，尽情享用。这口中的一横，就是指一切美味。因此，“甘”的本义是指“美味”，尤其是美味中的甜味。所以就有甘甜、甘泉、甘蔗这类词。

后来金文和小篆的“甘“字也是这个形状，几乎没什么改变。这是一个指事兼会意字。

“甘”与“苦”是相对应的，所以又有了甘苦、苦尽甘来这些词。

人们把美味含在口中舍不得咽下去，因此“甘”字又有了“情愿、甘愿、乐意”的意思。

“甘”字也是一个姓。

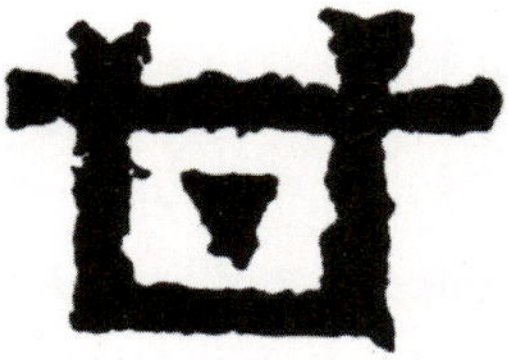

东晋《爨宝子碑》

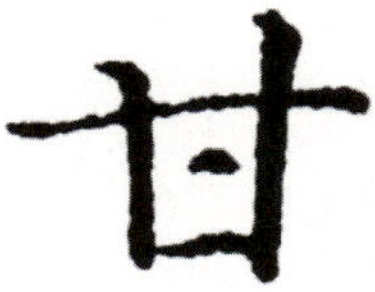

隋·智永《真草千字文》

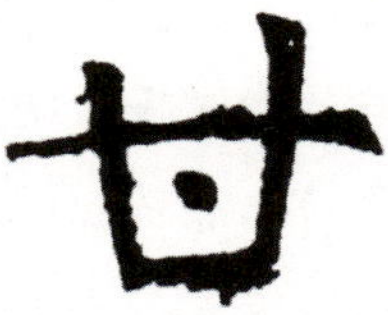

唐·褚遂良《孟法师碑》

请问贵姓——甘

明朝万历年间，到了应试的日子，各地的学子纷纷往京城赶考。合肥三位考生急匆匆赶路，傍晚时都住进路边一家客栈。

三人刚在门口停下，女店主便迎了出来。看来这是位精明强干、热情好客的大嫂。她忙不迭将三人让进店里，又拿出凳子让他们坐下，几乎是同时又摆下茶碗，拎来茶壶，为三位考生倒茶。

女店主为第一个考生倒茶时问："请问相公贵姓？"

这位考生为了显示自己有学问，站起来说："我叫十八子，大嫂猜一猜，我姓什么？"

女店主不假思索地说："李相公，请喝茶。"

女店主又问第二位考生："相公，贵姓？"

这位考生答道："易（亦）十八。"

女店主略一沉思，笑道："啊，杨相公，请用茶！"

女店主又走到第三位考生跟前，问："这位相公也要让我猜一猜么？"

这位考生弯腰行礼，说道："我双十八了。"

女店主随口说："啊，林相公请坐。"

三位考生一边喝茶，一边夸女店主有才学。其中一位考生站起来施礼道："敢问大嫂贵姓？"

女店主笑道："那就接着你们的话讲吧，我比你们都大四岁就是了。"说完到灶间忙饭去了。

三个书生头碰头地商量着，还用手指在桌上比画着，计算着。十八加四为二十二，二十二是什么姓呢？

正在此时，院子外有人在喊"甘大嫂"。

三个书生一听，啊，二十二组合起来是"甘"字，她姓"甘"啊。

gān

肝

金文

小篆

肝

隶书

肝

楷书

人主要内脏之一——肝

小篆的“肝”字是个左右结构的形声字兼会意字。左边的“月肉旁”作形符，表示跟肉有关；“肝”字右边的“干”字读“gàn”，作声符并会意。“肉”字与“干”字组合，指高等动物体内主要内脏之一的肝脏。因是指高等动物的内脏，这跟肉有关，所以古人用“月肉旁”的“肉”字作“肝”字的形符。

古人为什么用“干”字作“肝”字的声符呢?

甲骨文的“干”字是个象形字，字形像带杈的木棍形，在丫杈两端和分杈处捆上石头用来打击兽类，这是原始的狩猎工具。隶变后的楷书写作“干”，后来又作了“幹”字和“乾”字的简化字。“干”字的本义指“狩猎工具”，后来引申指触犯干预，强行干涉、干燥、干活及主干之意。“主干”，指主要部分。这就是古人说的“枝，不得大于干，末，不得强于本”。“肝”字用“干”字作声符，可见“肝”是高等动物的最主要脏器，所以古人用“干”字作“肝”字的声符并表意。

楷书的字形由小篆直接变来，写作“肝”。

“肝”字的本义指“肝脏”，比喻勇气与血性，也比喻真诚的心称“肝胆”；中医指头晕、耳鸣、心烦为“肝风”；容易急燥和发怒的情绪称“肝火”。

“猪肝”与“竹竿”

在民间笑话故事中，有许多是以听错同音字，写错笔画相近字为素材的。这些故事，让人捧腹大笑。笑过之后，细细品味，又使人感到很有趣味，对这些字的读音和字形，会留下深刻印象，从而记住了这些字，不会再念错或写错了。这类笑话故事，对人们学习汉字是大有帮助的。

却说从前有户有钱人家，这天，主人吩咐佣人阿福，到街上买两根竹竿回来，大约是夏天快到了，搭蚊帐用。阿福是个做事马虎，喜欢喝酒，又爱贪点小便宜的人。他听罢主人的话，也没细问，接过钱，就兴冲冲地上街了。

阿福把主人说的“买两根竹竿”，听成了“买两斤猪肝”。他出了大门，便直奔东门大街菜市场的肉铺而去。他买了两斤猪肝，又用剩下的钱买了两只煮熟的猪耳朵，想晚上一个人下酒吃。他将猪耳朵用荷叶包好，藏在内衣口袋里，便回去交差了。

主人一见阿福拎了两斤猪肝回来，便知道他刚刚心不在焉听错了话，气得厉声喝问道：“我刚刚跟你说什么来着？你两只耳朵丢哪儿去了？”

阿福一听，傻了。他以为主人看出了他另买了两只猪耳朵的事儿，就乖乖地从口袋里掏出用荷叶包着的两只猪耳朵，可怜巴巴地说；“回老爷，猪耳朵在这儿！”

gān

竿

竹子的主干——竿

小篆的“竿”字是个上下结构的形声字兼会意字。上面的“竹字头”作形符，表示跟竹子有关；“竿”字下半部分是“干”字，读“gān”，作声符并会意。“竹”字与“干”字组合，指竹子的主干或指竹棍。因是指竹棍或竹子的主干，跟竹子相关，所以古人用“竹”字作“竿”字的形符。

古人为什么用“干”字作“竿”字的声符呢？

甲骨文的“干”字是个象形字，字形像上面有杈的木棒的样子。“干”字有“主干”之义，“枝不得大于干、末不得强于本”。可见树木是以“干”为“主”，以根为本的，所以称为“主干”。此外，“干”字还有“直”的意思。竹竿是很直的，竹子宁折不弯，只有断竹，没弯曲的竹子，所以古人用“干”字作“竿”字的声符并会意。

楷书的字形由小篆演变而来，写作“竿”。

“竿”字的本义指“竹子的主干或竹棒、竹棍”，如竹竿，也称“竿子”，是截取竹子的主干而成。用来作钓鱼用的竹竿称“钓竿”，或称“钓鱼竿”；“百尺竿头，更进一步”，比喻不满足已有的成就，争取更大的进步；“立竿见影”，指竹竿竖在阳光下，立即可以看见影子，比喻见效快。

竿 小篆

竿 隶书

竿 楷书

实物谜讽刺贪腐——竿

明朝时江西的建置为省、府、县三级。省级设布政使司和按察使司，分别掌握行政管理和刑法及平冤惩治贪官等事，通称“两司”。两司又将全省分为五个大区，分别派一名官员掌控，通称“五道”。司道以下为二级政权，当时南昌为首府，首府有位世袭的亲王封号为“宁王”。这宁王有职无权，只负责监察使命，但不得干涉地方行政事务。

明朝武宗年间，朝廷上下，贪腐成风，民怨沸腾。江西的“两司”和“五道”官员，不顾百姓死活，只顾死命捞钱。南昌府太守姓甘，这甘太守起初清正廉洁，颇有好名。民谣曰“偌大赣，只一甘”，即如此大的江西，只有甘太守干净。但近墨者黑，不久甘太守也同流合污，成了名贪官，令百姓大失所望。

再说那宁王，见民众怨声四起，便有了揭竿而起，趁机夺取帝位的野心。为大肆制造舆论，他的谋士为他出了个主意，借元宵节闹花灯之机，制造一个大型实物谜。

正月十五日这天，宁王府贴出告示：凡猜出实物谜底者到宁王府领奖。于是，南昌城万人空巷，都挤到大街上看实物谜。只见一队人马，被人们簇拥而来。一条纸扎的莲花船在前面开道，船头上蹲着两只彩扎狮子，口中衔着一串铜钱。后面紧随五个道士，一个个歪戴道冠，摇摇晃晃，丑态百出。道士后面有一艄公，拖一节半青半黄的竹竿。这支奇形怪状的队伍，在王府乐队吹奏声中，游遍全城里大小街道。百姓尾随在后，吵吵嚷嚷，人声鼎沸，不少人渐渐明白，前面船头的两只狮子，暗指“两司”，口含铜钱，揭其张牙舞爪，吞食百姓钱财。五个歪戴道冠的道士，暗指“五道官”的丑恶行径。

艄公拖的半青半黄的竹竿，指“一竿”不全，借“甘”“竿”谐音，暗讽甘太守同流合污……

这年元宵节，民众赏灯加上宁王这实物谜大游行，南昌城万人空巷，民众群情激愤，宁王借机叛乱，于是明史上便有了一段“宁王之乱”。

gǎn

赶

金文

小篆

趕
隶书

赶
楷书

翘着尾巴奔跑——赶

“赶”字的繁写是“趕”，这是个形声兼会意字。左边是“走”字，表明这个字跟行走有关；右边的“旱”读作“hàn”。简化为“赶”，读“干”声。古人对“赶”字的解释是：举尾走也，意思是指兽畜类翘着尾巴奔跑。

牛、羊、马、狗、虎、狼之类的动物，平时垂着尾巴，飞奔时后面的尾巴便会翘起，向前追赶猎物或逃跑。所以“赶”字的本义指“追”。

也有人认为，“赶”字指的是马奔跑的形状。因为马奔跑时，扬蹄翘尾，也是一副追赶的架势。这样说也有道理。

还有人根据“赶”字的繁体字分析，认为这是个会意字。因为它右边的“旱”字表示“旦”字高高举起，也就是红日当空，天气晴好，人们利用这大好天气急于赶路和做事，所以“赶”的本义是追赶。从这个角度分析，也无不可。

赶，即你追我赶，学先进赶先进。

“赶”字有“追”的意思，也就是不耽误时间，加快行动，所以有赶任务、赶进度、赶路、赶时间。

“赶”字由“赶路”这层意思，又引申为“到什么地方”，如赶集、赶考、赶庙会。

“赶”是个动作，又有“驾驭”的意思，如赶驴、赶大车。还有“驱逐”的意思，如赶蚊子。

“赶”还有“遇到、趁着”的意思，如赶巧、赶上一场雨。

李贺说“赶”字

唐朝德宗贞元十四年间，京城长安出了个叫李贺的小神童，虽然年仅八岁，但出口成章，能吟诗作对。

大文学家韩愈听说后，对此半信半疑，就叫家人把李贺请到府上，让他当面作一首乐府诗。

李贺略一沉思，张口便来，惊得韩愈目瞪口呆。听李贺吟罢，韩愈已经对这个孩子很喜爱了，他说：“贤郎真是当世奇才，前途不可限量啊！不过，在你回家之前，我打算写一幅字给你，希望你没事的时候多看看。”说完，挥笔泼墨，写了一个“赶”字。

李贺接过字，歪着小脑袋想了一下，嫩声嫩气地说道：“我知道大人送我这个字的意思了，‘赶’字是‘走’和‘早’相加而成，大人是希望我今后珍惜时间，抓紧时间，不停地走，不停地赶，不然便会埋没了我的才智。”韩愈点点头，忍不住哈哈大笑。

从那以后，李贺的名声更大了，后来终于成了位大诗人。

gǎn

敢

甲骨文

金文

小篆

敢

隶书

敢

楷书

手持猎叉刺野猪——敢

甲骨文的“敢”字是个会意字，它为我们描绘了一个惊心动魄的打猎场景。字形的下面是一只手，也就是“又”字，这只手握着猎叉，也就是“干”字，猛地刺向上面的野猪，也就是倒写的“豕”字，这个字读“shǐ”，指猪。这个场景表示猎杀野猪时，人们勇敢进取。金文的“敢”字由甲骨文演变而来，但变化较大，“豕”形已不太像。小篆的字形由金文演变而来，变化就大了。隶变后的楷书写作“敢”，如今成了规范字。

也有人认为，“敢”字是个左右结构的形声字兼会意字。上面是“豕”，下面是“双”，这两个字是形符，指双手逮住野猪，当中的“甘”字是声符。

远古时代，野猪尚未驯化，非常凶猛，赤手空拳逮野猪的人们是非常勇敢又有胆量的，所以“敢”字的本义指“有勇气、有胆量”。如有勇气，有决心去做或去争取称“敢于”；勇敢果断称“果敢”；敢干、敢说、敢为，有勇气做别人没有做过的事称“敢为人先”。“敢想”“敢死队”等都是有勇气、有决心的意思。

“敢”字由本义引申指“冒昧地请求别人”，如敢请、敢问。

“敢”字假借指“莫非、恐怕是”。如表示发现原来没有发现的情况，或表示情理明显，不必怀疑称“敢情”；表示大概是、莫非称“敢是”。“岂敢、敢烦”也有这种意思。

敢为人先

无锡东门中学的杨老师，今天讲“敢”字。他出了个字谜问大家：“存心装憨”是个什么字？同学们齐声回答：“是‘敢’字！”

金一鸣建议道：“杨老师，太简单的字谜就不用猜了，还是让大家讲关键字的故事吧！”

杨老师说：“好哇，那你就讲个你一生中最勇敢的事。”

金一鸣挠挠头皮说：“我这人胆小，没做过什么勇敢的事，那我就讲勇敢的刘坤培的故事吧！”

我跟刘坤培上幼儿园就在一起啦。有一天上手工课，老师抓一把面粉，用开水调了一小盆糨糊放在教室里，准备给大家糊小风筝。

这盆糨糊冒着热气，放在讲台上，同学们围着糨糊议论起来。我提出个怪问题：“这糨糊能吃吗？”有同学说：“哪有人吃糨糊呀！”

我说：“我奶奶常弄糊糊子给我吃。糊糊子不就是糨糊吗？糊糊子能吃，糨糊也能吃，”

有同学端起糨糊递给我：“那你吃呀，吃呀！”

我吓得连连后退，不敢吃。

同学们正争吵着，刘坤培不声不响地用筷子挑了点儿，放嘴里尝尝。

同学们见刘坤培真的吃糨糊了，都叫起来：“哎呀呀，刘坤培吃糨糊啦！刘坤培吃糨糊啦！”

正吵着，老师进教室了。刘坤培说：“面粉能吃，开水能喝，开水和面粉加在一起也就能吃，不过太淡啦，不好吃，要加点盐呀油呀就好吃啰。”

我说：“那不成了糊糊吗？”

老师说：“糨糊脏了不能吃。刘坤培很聪明又很勇敢，他敢亲口尝一尝……”

杨老师夸金一鸣讲的故事情节生动，内容深刻，说出了“勇敢”的真正内涵。刘坤培听了诉苦说：“为这事，我回家被我妈打了屁股，说我嘴馋，没说我勇敢！”

用尽全部心力——感

gǎn

感

金文

小篆

隶书

楷书

小篆的“感”字是个上下结构的形声字兼会意字。下面的“心”字是形符，表示跟人的心理活动有关；上面的“咸”字读“xián”，作声符并会意。“心”字“咸”字组合，表示用全部心力，对眼前人和事物在意识或情绪上作出反应。所以古人用“心”字作“感”字的形符。

古人为什么用“咸”字作“感”字的声符呢？

甲骨文的“咸”字是个会意字，它由“戌”与“口”字组成。“戌”字读“xū”，指古代的兵器，像平口长柄大斧子，与“口”组合，表示征战杀伐时喊杀声震天，这是众口齐呼，以助威势。隶变后楷书写作“咸”，本义为“呼喊”，这是“喊”字的本字，即最早的“喊”字。由本义呼喊，引申指“全部”，又引申指“协同”。“咸”又引申指“盐”的味道。“咸”字为引申义所用，古人就在“咸”字左边加“口”表示“呼喊”，左下加“心”表示“感觉”到和“感知”到这“咸”的味道，所以古人用“咸”字作“感”字的声符并会意。

“感”字引申指“感觉、觉得”，如感官、感到；又引申指“感谢”，如感恩、感载、感恩戴德；“感”字又引申指“疾病”，如感冒。又引申指“摄影胶片、晒图纸因接触光线而发生的变化”，如感光、感光材料。

从"感"字说到"咸""喊""惑""憾"

这天，研究会秘书长小陶来到会长马汉文家闲谈。老马看得出小陶心情不佳，便问："你跟夫人又闹别扭了？"

小陶长叹一声："唉，也怪我感情用事，一时激动，答应把车卖给一位朋友，准备贴点钱买辆新的。老婆跟我吵了一架。"

老马正在练书法，他边听边写了个"感"字问："你今年多大了？"

小陶说："这你还不知道？已到不惑之年啦。"

老马又随手写了个"惑"字，招呼道："小陶，你来看，这'感'字跟'惑'字十分相似，但读音跟意思却大相径庭，这里面有没有什么联系呢？"

小陶很敏感，反问道："你是说我到了不惑之年，感情还这么容易冲动？"

老马笑道："别多心。我是说这'感'字上为'咸'下为'心'是有道理的。'咸'的本义是呼喊，加口字旁成'喊'表示喊杀声惊天动地，众口齐呼以助威势，这种呼声让人感知，所以下面加个'心'就成了'情感'和'感情'的'感'。"

小陶说："有人解释，这'咸'字是有人尝到盐是咸的，便大呼小叫让大家来尝尝味道，大家感觉到了咸味，所以才有了'喊'和'感'，'咸'也表示'全部'。"

老马说："这样理解也有道理。而'或'是表示以'戈'保卫城池地域，是'國'的本字，后来借用为不定代词。因为'或'借用为不定代词，因有不能确定之义，也就有迷乱、糊涂之义，所以古人在'或'字下面加个'心'字，用来表示迷惑、惑乱。因为你感情冲动容易受人蛊惑，有些事不经思考，不与家人商讨就轻率出手，这好比'感'字边上加了个提手旁成了'撼'。推动这些事，使你夫人感觉到了，地动山摇，这就成了'震撼''撼动'，所以惹得你爱人大动肝火。为此你不得不在'或'字边上再加个竖心旁，为此表示遗憾了。"老马说到这儿，拍拍小陶的肩膀劝道："小老弟，听我话，回去向夫人赔个礼，认个错，说你为此事与她深有同感，表示你深深的遗憾吧！"

gān

干

甲骨文

金文

小篆

干

隶书

干

楷书

上端带杈的木棍——干

甲骨文的“干”字是个象形字，字形像一根上端带杈的长木棍。金文的字形承接甲骨文，大致相同。小篆的字形承接金文，使其整齐化，隶变后的楷书写作“干”。如今又作了“乾”字和“幹”字的简化字。

“干”字的本义为原始的狩猎工具，也是作战武器，“干”和“戈”是常规战争武器，所以“干戈”泛指“武器”，也比喻战争，如大动干戈。

“干”字由本义引申指“冒犯、牵连”。如干扰、触犯、侵犯称“干犯”；强行过问或制止称“干涉”，也称“干预”。

“干”字作“乾”字的简化字，指没有水分，或水分很少，如干瘪、干巴巴的、干草、干货、干燥、风干、凉干等词。由上义引申指“枯竭”，如干旱、干裂、枯干、干涸、干瘦、干面等。又引申指“加工制成的干食品”，如干菜、干贝、干果、干饼、饼干、香干、豆腐干等词。

“干”字假借指“徒然”，如干瞪眼、干着急。“干”字又假借指“认拜的亲戚关系”，如干妈、干爹、干儿子、干女儿、干姐妹等词。

“干”字读作“gàn”时，作“幹”字的简化字，指“事物的主体或主要部分”，如干流、干渠、干线、骨干、主干道。由上义引申指“干部”，如干警、干事、干校。由此引申指“办事、做”，如干活、干事儿、公干、巧干、蛮干、实干。又引申指“有能力、有才干”，如干将、干才、精干、干练、精明强干。

“干”和“干卿何事”

距今一千一百多年前有个五代时期。五十多年间，先后存在过一些封建割据政权，其中位于江南的南唐，出了两位善写词的皇帝。李璟是南唐三代皇帝的第二位，人称“中主”。他的儿子李煜是第三位，人称“李后主”，诗词史上称这父子俩为“南唐二主”。无巧不成书，这两位皇帝的宰相冯延巳和成彦雄等人的词也写得很好，受到历代评论家的好评。

李璟的代表作《山花子》，描写一位妇人夜间思念远征边疆的丈夫，有两句十分传神：

……细雨梦回鸡塞远，
小楼吹彻玉笙寒……

这里的“鸡塞”指“鸡鹿塞（sài）”，在今陕西横山县西北一带，古人常用它代指边远地区。这两句写妇人与丈夫梦中相见，细雨声中醒来方知是梦，丈夫仍在万里之外。她彻夜难眠，在小楼上独自吹笙，以排忧解愁。悲伤的音调使人倍感凄苦。

宰相冯延巳常与李璟写诗词唱和。有一次，冯延巳写了首《谒金门》，这是一首描写一位女郎思念情人的爱情词，上半段是：

风乍起，吹皱一池春水。
闲引鸳鸯香径里，手　（nuó）红杏蕊（ruǐ）……

词中写的是，一阵春风吹过，将一池子春水吹起微波。女郎思念情郎心怀，也被吹得荡漾起来。情郎迟迟不来，她逗着成双的鸳鸯，看着红杏，不由得摘下花朵，轻揉着花蕊……

这首词，把一位多情女子，写得活灵活现。李璟读了，笑问冯延巳：“‘吹皱一池春水’，干卿何事？”冯延巳笑着回答：“陛下不是也写过‘小楼吹彻玉笙寒’吗？”李璟听了，不由哈哈大笑。

古时皇帝称臣子为“卿”，客气的称“爱卿”。这儿的“干卿何事”就是指“跟你有什么相干”。后人将这句话作成语流传下来，取笑别人多管闲事，也作“干卿什事”。这是句风趣话，并无贬义。

gāng

刚

甲骨文

金文

小篆

剛

隶书

刚

楷书

利刀坚硬如山冈——刚

甲骨文的“刚”字是个左右结构的形声字兼会意字。原先左边是“网”字，读“wǎng”，作声符；右边是“立刀旁”。两形合一，指用刀割断网，表示刀锋利。金文将甲骨文的声符“网”字改为“岡”，读“gāng”。

小篆承接金文，并使其整齐化，成了个左右结构的形声字，右边的“立刀旁”指刀斧，作形符，表示与刀斧有关；左边的“岡”字作声符并会意。“岡”字与立刀旁组合，指“刀斧锐利如山冈”。因是指刀斧，所以古人用“立刀旁”作形符。

古人为什么改用“岡”字作“剛”字的声符呢？

小篆的“㟠”字是个上下结构的形声字兼会意字。上面是“山”字，下面的“网”字，表示山的脊背，即“山脊”。古时候人们捕鸟兽时都将网放在山的最高处，这样容易捕到鸟兽，故“㟠”从“网”声并会意，本义指“山脊”。“山脊”有石头坚硬，形势陡峭之义，表示山脊坚硬如刀。反过来，也可说刀坚硬如山冈。隶变后楷书写作“剛”，后简化为“刚”。

“刚”字的本义指“割断”，由本义引申指“坚利、坚强”，“刚”字假借指“方才”，如刚才、刚到、刚刚。“刚”字又假借指“恰好”，如刚巧、刚好、刚合适。

“刚”和“刚愎自用”

“刚愎自用”这个成语的典故，出自《左传》一书。

故事说的是春秋时期，有一年，楚国发兵进攻郑国。郑国向晋国求援，晋国出兵，这样楚国就跟晋国在泌地摆开战场，准备决一死战。指挥晋军的主将是荀林父，副将名叫先縠（hú）。指挥楚军的主将是沈尹，楚庄王带领一批重臣，亲自随军督战。

战场摆下，即将开战，楚军主将沈尹见晋军来势汹汹，临阵胆怯起来，楚庄王也害怕了，显得犹豫不决，准备撤退。这时，随楚庄王督战的令尹孙叔敖也主张撤退，他贪生怕死，还说服楚庄王尽快撤。在场的大臣伍修，是楚庄王最信任的人。他坚持出战，说决不能临阵撤兵。于是就跟孙叔敖争吵起来。

孙叔敖理直气壮地说：“几年前打陈国，今年打郑国，都显示了楚国是强国。若此战失利，你伍修被俘，我恨不得要吃了你的肉！”

伍修毫不客气地反驳道：“若不战而退，就是大败，你孙叔敖就是罪人。我伍修就是成了俘虏，你在何处？我能被你吃了么？”

孙叔敖不听，命令战车掉头向南，准备撤兵。这时，伍修不得不转向楚王，他仔细分析道：“晋军主将是荀林父，他刚担当主帅没几天，在军中没有威信。副将先縠是个刚愎（bì）不仁的人，他肆意妄为，目中无人，根本瞧不起荀林父，哪儿会听他指挥呢？晋军有些将官虽能迎战，但群龙无首，主帅指挥不力，虽未战军心已乱。若我军决一死战，趁机出击，必获全胜，怎能不战而退呢？更何况，您为一国之君，亲临前线，面对晋国一无能主将，竟然不敢出战，这也有损楚王威严啊。”

这一说，楚王不得不痛下决心。他下令车马掉头，杀向晋军。一切果如伍修所预料，晋军大败，楚军获胜，经此一战，楚国跃为春秋霸主。

《左传》一书记载，当伍修说到先縠时，用了“刚愎”一词，后来人们将这一词发展为“刚愎不仁”“刚愎自用”两个成语。指一些人固执任性，独断独行，只凭自己的主观意图行事，不听从旁人的意见。

腹大盛物的陶器——缸

gāng

缸

小篆的"缸"字是个左右结构的形声字兼会意字。左边的"缶"字是形符，这个字读"fǒu"，指有盖子的罐形器物；右边的"工"字作声符，读"jiàng"，这个"工"字是"江"字简省的写法。这两个字形组合在一起，指一种底部小，口部小而当中腹部大的盛装东西的陶器。因为"缶"字是有盖子的罐形器物，缸的形状与其相似，所以古人以"缶"字作"缸"的形符。

古人为什么用"工"字作"缸"字的声符呢?

因为"工"字在这儿是"江"字简省的写法。而江是流水多、容量大，而"缸"是大型容器，盛的东西多，容量大，所以古人用"工"字做"缸"字的声符并会意。

楷书的字形由小篆演变而来，写作"缸"。

"缸"字的本义指"古代陶制容器"，如酱缸、酒缸、水缸、染缸、鱼缸、浴缸等。

"缸"字由本义引申指"像缸的器物"，如内燃机或蒸气机上装有活塞的部分称"汽缸"。

"缸"字又引申指"缸瓦制品"，如陶管的总称为"缸管"，用缸瓦制成的盆为"缸盆"。还有缸砖、缸瓦。喝水等用的东西称"缸子"，如茶缸子。

比喻"代人承担责任"称"顶缸"。

缸

小 篆

缸

隶 书

缸

楷 书

“顶缸”和“顶缺”

在人们日常口语中，常说到“顶缸”一词，词义是指代人受过或承担责任。这个词不是现代才有的，至少在宋代就有了。有人考证，这是宋元时代的方言，在元曲和杂剧中就出现过，明清小说中也有提及。如元代杂剧《陈州粜米》四折中，州官云：“你不识字，可怎么做外郎呢？”外郎云：“你不知道，我是雇将来的顶缸外郎。”

《西游记》第二十七回猪八戒说：“那师兄使个遁法走了，却不苦了我们三个顶缸？”

《红楼梦》第六十一回有句对白：“这样说，你竟是个平白无故的人了，拿你来顶缸的。”

《二刻拍案惊奇》卷三十九回有句对白：“我明日把他一生做贼的事迹编成一本书，不怕不拿他来顶缸的。”

“顶”字与“缸”字组合成“顶缸”，往往使人想到一个杂技节目，将一只大缸顶在头上玩耍，认为这是杂技名称。但人们用得最为广泛的，是指代人受过和代人承担责任。

为什么用顶一个大缸来表示代人受过呢?

著名古典文学家顾学颉先生在其《元曲释词》一书中指出：“顶缸，当时谚语，有顶替、顶缺、代人受过等意。缸乃缺字之讹，讥认别字者，呼缺为缸，或认缸为缺，后遂相沿成诨语。”

“诨语”可理解为“浑名”“外号”，如此说来，“顶缸”这个词，是白字先生将“缺”字读成“缸”字造成的。

从字形上看，“缸”和“缺”这两个字左边完全相同，右边也有相似之处。“秀才不识字，只要读半边”，将“缺”字读成“缸”也有可能。将本来不应当由他承担的而拿他来顶替，这就叫“顶缺”，由“顶缺”而误读为“顶缸”，一错再错，错了近千年，也就约定俗成，将错就错，以错当真了。这就是“顶缸”的来历。

gǎng

港

小篆

港

隶书

港

楷书

江河湖泊的支流——港

小篆的“港”字是个左右结构的形声字兼会意字。左边的“三点水”作形符，表示跟水有关；“港”字右边的“巷”字读“hàng”，作声符并会意。“巷”字与“水”组合，指与江河湖泊相通的小河。因是指小的河流，与水有关，所以古人用“水”字作“港”字的形符。

古人为什么用“巷”字作“港”字的声符呢？

古代的“巷”字是个会意字，由“邑”（yì）字和“共”字组成。“邑”指人口聚居的地方，引申指“小城镇”。“邑”与“共”组合指“共有的街道”。小篆省去“邑”字，隶变后用俗体字写作“巷”，又读“hàng”，也读“xiàng”。

“小巷”就是“小胡同”，一般不宽，也不长，与大街相连接。“港”是水流之道，是与江湖相通的小河道，与小巷跟大街相通相似，所以古人用“巷”字作“港”字的声符并会意。

楷书的字形由小篆演变而来，写作“港”。“港”字的本义指“与江河湖泊相通的小河道”，如河的小支流称河汊（chà）子，也称“港汊”。

“港”字由本义引申指“可以停泊大船的江海口岸”，如岸边设有码头，便于船只停泊，旅客上下和货物装卸的地方称“港口”；“港”字今天也特指“香港”，如港币、港元、港人。

“港口”与“讲口”

汉字中的形声字占了百分之九十以上，不少形声字的读音，与今日普通的读音已大不相同。如“长江”的“江”字，普通话读“jiāng”，而在苏南，特别是无锡地区，都读“gān”，有的人读起来还带有浓浓的鼻音，其实这是正宗的古音。

却说民国年间，无锡南门外有一大片烧砖头瓦片的窑场，地名就叫“窑场”。窑场里的老板很多，有的有十几座窑，有的只有两三座。不论有窑几座，都称为“窑头儿”。

无锡南门的窑场，紧靠大运河，一字儿排开，连绵十几里，为的是用船运输方便。各个窑头儿都给自家挖条小河作港口，这样装起砖瓦来更省力。

当时无锡《锡报》有位记者名叫邱宁，此人舞文弄墨很在行。报纸版面不足时，主编常让他把自己的诗文弄上去作“补白”，也顺带着给几文稿费，让他买酒喝。

一天，邱宁家修房子，邱宁的大哥弄了条船，到窑场去买砖瓦，邱宁觉得新鲜，也跟着去了。大哥在数砖瓦，然后跟窑头儿谈价钱，他却以记者的眼光，参观窑场，看工人们制砖坯、装窑、出砖……当他看到大哥在跟窑头儿争论价钱时，两个人摇头晃脑，煞是有趣。

等到买好砖瓦，装上船时，船夫却以砖头多了不少为由，不肯开船，又与大哥因为讲价而争吵。此情此景，让邱宁不胜感慨。他有感而发，构思了一副对联：

窑头卖砖为瓦价以摇头
港口撑船因船钱而讲口

这副对联上下对仗工整。特别精彩的是，借“窑头”与“摇头”谐音，“港口”与“讲口”谐音，讲了买卖对方的神态。在无锡方言中，“讲”与“港”字同音。

后来，这副对联登在《锡报》副刊上，颇受读者好评，夸它颇有地方特色呢。

gāo

高

甲骨文

金 文

小 篆

高

隶 书

高

楷 书

有楼顶楼台的高楼

古代的“高”字是一个象形字，在金文和小篆中，它的字形像一座高高的楼阁，上部是斜顶的房屋，中间是城楼，下部是楼台，还有一扇门。

“高”的本义就是表示“楼阁的高耸”，和低矮、卑微的意思相反，如高楼、高空、高峰、高原、高潮等。

“高”由表示“高低”，引申为表示“高度”，如他两米高。

超过一般标准或平均程度也常用“高”，如高温、高速度、高质量、高效率、体温高。

“高”由“高低”的含义又引申为“高远、高深”，等级在上的也称为“高”，如高级、高等、高年级、高水平。

岁数大也称高，如高龄、高寿。

“高堂”，原来是指高大的殿堂，后来也是对父母的敬称。

价钱贵也称“高”，如高价。

表示热烈，如兴高采烈。

表示敬词，如高见、高论。

北魏·郑道昭《论经书诗》

北魏《孙秋生造像记》

一点一横长——高

从前，中国孩子的启蒙教育，大都是在私人办的私塾里完成的。在私塾里，一般只有一个教师，没有固定教材，全凭教书先生以自己的聪明才智，设法将文化知识传授给学生。

在私塾读书，主要是识字。教师一个字一个字地教读音，学生一个字一个字地死记硬背，学习效果较差。

民国初年，无锡洛社镇有位老秀才办的私塾颇有名气，连城里的孩子也送到他那儿读书。

老秀才讲究教学方法，用今天的话说，有点像快乐教学法。他把所教的字编成儿歌读，编成故事讲，孩子感兴趣，愿意学，也记得住。

这天教“高”字。老秀才先讲“高”字的字形字义，然后领着孩子们大声地唱：“一点一横长，口字在中央，大口张着嘴，小口里面藏。”

这首儿歌，生动形象地将“高”字的笔画，按顺序表达出来，且朗朗上口，读几遍就记住了。

第二天教“磨”字。老先生先将学生带到村头的磨坊去参观，让大家看看什么是磨，然后带领大家唱：“一点一横长，一撇下西洋，西洋两棵树，长在石头上。”

这首儿歌不仅顺口，而且有点传奇的色彩。下西洋看到西洋景，什么景？石头上两棵树。记住这个情景，也就忘不了“磨”字的字形。

又如：府”字，他教学生唱：“一点一横长，一撇甩下乡，乡里有个人，只有一寸长。”

这些儿歌幽默有趣，使孩子们很轻松地记住这些字。

gāo

膏

甲骨文

金 文

小 篆

隶 书

膏

楷 书

肉肥脂肪厚而多——膏

小篆的“膏”字是个上下结构的形声字兼会意字。下面的“月”字指“肉”，表示跟“肉”有关；“膏”字上面的“高”字读“gāo”，作声符并会意。

“高”字与“肉”字组合，指肉肥脂肪必然厚而多。因指的是肉肥或肥肉，这跟“肉”有关，所以古人用表示“肉”的“月”字作形符。

古人为什么用“高”字作“膏”字的声符呢?

甲骨文的高字是个上下结构的会意字，也是个指事字。下部像一座高台，上部像一座阁楼。高高的阁楼建在高台上，指“高耸”，有“高大”之意。“高”字也有“厚”和“多”的意思，而肥肉必然是脂肪厚、油多，所以古人用“高”字作“膏”字的声符并会意。

楷书的字形由小篆演变而来，写作“膏”。

“膏”字的本义指“肥肉”。肥肉学名称“脂肪”，指动植物所含的油脂。我国古代医学上把心尖脂肪叫“膏”，心脏和膈膜之间叫“肓（huāng）”。古人认为“膏肓”是药力达不到的地方，故称病到特别严重为“病入膏肓”。“膏火”指“灯火”，比喻夜间苦读或工作的费用。精美的食物称“膏粱”，“脂膏”指“脂肪”，“民脂民膏”比喻人民的血汗和劳动果实。

“膏”字由本义引申指“很稠的糊状物”，如膏药、膏剂、梨膏、软膏、牙膏、药膏、橡皮膏、膏子等词。

“膏”和“膏肓”

据春秋时期《左传》记载，春秋时，晋国的晋景公得了重病，卧床不起。听说秦国有位名医能治百病，便派人日夜兼程，去将这位名医请来。

名医到来之前，晋景公躺在病榻上，已有点恍恍惚惚。在这恍惚迷糊间，他梦见在自己身体内有两个小儿郎在说悄悄话。其中一个惊叫道：“不得了啦，这位病人去请有名的医生来为他治病啦，若是名医对症下药，我们可就没命了，还是快点逃走吧。”

另一个小儿郎回答道：“别慌，有个办法。我俩躲到病人膏之下，肓（huāng）之上，任他什么名医开什么名药，都拿我俩没办法！”

晋景公醒来时，还记得梦中情景。他怀疑，这两个小儿郎说不定就是病魔。

过了两天，秦国名医赶到，为晋景公做了详细诊断后，摇摇头说：“疾不可为了，在肓之上，膏之下，攻之不可，达之不及，药不至焉，不可为也。”这话的意思是：此病已无药可医啦，这病的病根已在肓之上，膏之下，汤药之药效无法达到那儿。针灸之功力也达不到那儿，我爱莫能助啊。

晋景公听这位名医所说的话，同他梦中所听到的两个小儿郎的对话一样，不由长叹一声，赞道：“你果真是位名医啊。”他赏了一份厚礼给这位名医，又派人将他送回秦国。

过了几天，晋景公便去世了。

《左传》上留下了有关“膏”与“肓”的论述，便有了“膏肓”一词，后人又将其扩充成成语“病入膏肓”。

我国古代医学上，把心尖脂肪叫做“膏”，把心脏和膈膜之间叫“肓”，并认为这两个地方是药力达不到的地方。若病进入到膏肓这两个地方，就是说病已到了无法医治的地步，也用来比喻事情已到了无可挽救的程度。

当病到了无法医治的地步时，即便华佗在世也不可能使病人起死回生，所以医生只能医病而不能医命。

撑船用的竹竿——篙

gāo
篙

小篆的“篙”字是个上下结构的形声字兼会意字。上面的“竹”字头作形符，表示跟竹子有关；“篙”字的下面是“高”字，读“gāo”，作声符并会意“高”字与“竹”字组合，指船夫撑船用的竹竿。因是指撑船用的竹竿，这跟竹子有关，所以古人用“竹”字作“篙”字的形符。

古人为什么用“高”字作“篙”字的声符呢?

其实，世上没有比竹竿作为撑船的工具更合适了。竹竿既轻巧，又软中带硬，且便宜简便，砍根竹子加工一下即可，而且粗细和长短可随意挑选。河水深浅不一，水深处竹篙要更长些，而“高”字有“高深”之义，也有“长”（cháng）的意思，正因为此，古人才用“高”字作“篙”字的声符并会意。

楷书的字形由小篆演变而来，写作“篙”。“篙”字的本义指“撑船用的长竹竿或木杆”。

“篙”字的组词不多，船民常说的是篙子、篙头，这些都是指撑船用的竹篙，晒衣服用的杆子有人也称为“篙子”。

“篙”字也作姓氏用。

篙
小篆

篙
隶书

篙
楷书

川江号子诉冤情——篙

清朝康熙年间，重庆有位才子名叫郭生才，此人因仗义直言，得罪了县衙一个师爷，被诬告串通江匪谋财害命，被判死刑。郭生才在将被行刑前夜，同一牢房的囚犯得绿林好汉接应越狱逃跑，他也顺带着被救了出去。从此他改名换姓，在来往于川江的货船上撑篙行船为生。他身强力壮、聪明好学，加之吃苦耐劳，练就了一手高超的撑篙本领。对每个地段的转弯抹角及水流缓急了如指掌。人们都称他为“川江第一篙”。

这年初夏，朝廷刑部尚书张鹏翮回四川省亲，取道川江。当地官员特地调集多名能手为他撑船，以确保安全。郭生才是首选者。当船过素有“鬼门关”之称的崆岭滩时，忽然天降暴雨。顿时山洪暴发，水流如注，涛声如雷，船在惊涛骇浪中颠簸穿行，眼看就要撞上礁石了，接着便会船毁人亡。就在这千钧一发之际，郭生才一跃而起，竹篙用力一撑，船头一转，乖乖地驶入缓流，所有人平安无事。张尚书合掌称庆，总算逃过一劫。

待船平稳航行时，雨止月出，张尚书令人摆下果品美酒，邀请众船工同饮，以表感激之情。

张尚书特别感谢郭生才，问他姓名履历，郭生才道：“小人在川江行船二十年，只有浑名，今日与大人在一起猜谜取乐，听小人唱个川江号子吧。”说罢放声高唱：

想当年枝叶婆娑，看今朝青少黄多。经历了几多风雨，经受了几多折磨！唷呵呵哎，莫提起，提起来泪洒江河……

张尚书听罢，猜出谜底为竹篙。便说：“谜语传隐，本官看你言谈举止，绝非船工出身，听你唱这川江号子，满含忧怨，如有深仇大恨或冤情，可向本官诉说，一为申冤，二为惩治邪恶之徒，还世间一个公道。”

郭生才听罢，“扑通”跪在张尚书面前，声泪俱下，哭诉了二十年前冤屈。张尚书将他扶起，答应到重庆后即审理此案。不久，郭生才得以平反，县衙师爷锒铛入狱，恐要将牢底坐穿。

米粉做的美味糕点

gāo

糕

小篆的“糕”字是个左右结构的形声字兼会意字。“糕”字原先左边是“食”字旁作形符，表示这是一种食品；右边是“羔”字作声符，读“gāo”；这两个字形组合在一起，指一种食品叫“糕”。隶变后楷书的字体也是以“食”字旁作形符，后用俗体字“糕”为正体，一直沿用至今。

这个俗体字“糕”字似乎更为合理，又省了笔画。它以“米”字作形符，因为糕点大多以米粉为主。

古人为什么用“羔”字作“糕”字的声符呢?

因“羔”字指小羊，而小羊的肉十分鲜嫩美味，而糕点食品其质柔和，其味甜美，所以用“羔”字作声符并会意。

“糕”字的本义指“一种用米粉或面粉等制成的食品”，如糕饼和点心的总称为“糕点”，用鸡蛋、面粉加糖和油制成的糕点称“蛋糕”，用黏性较大的米或米粉蒸成的糕称“年糕”。冰糕、发糕、花糕、雪糕等都是糕的名称。

小篆

糕

隶书

糕

楷书

赵云“老卖粘糕”

相声，是人民群众所喜闻乐见的一种艺术。追根求源，相声艺术的基本，应该说是来自唐宋两代优戏中所发挥出的谐音艺术，也吸取了书说艺人的“说”，戏曲艺术中的“唱”，从而形成了“说学逗唱”的一门新艺术。

在传统相声中，最有名气的，恐怕要数《歪批三国》了。在这段相声中，运用了大量谐音字，使其产生联想，在人名、地名、职业等专用词语中寻找切入点，制造成笑料。这种切入点，既合乎情理，又出人意料，这样才能引人发笑，才能成为艺术品，否则，光靠挤眉弄眼，怪腔怪调，或拿人体缺陷，或用故意作践自己的话题来吸引人，那是引发不出发自内心的欢笑的。而《歪批三国》这样的经典之作，人们百听不厌，耳熟能详。

在《歪批三国》中，说到蜀国五虎将中有三位是买卖人。人们都熟悉，桃园三结义中交代过，关羽是卖枣儿的，张飞是卖肉的，刘备是卖草鞋的，但刘备不属五虎将。其余三位马超、赵云、黄忠都没有具体职业，这时，相声艺人开始抖包袱了：

甲：你不知道吗？赵云是个卖粘糕的。

乙：赵云什么时候卖过粘糕哇？

甲：你看过《天水关》这出戏吗？

乙：看过啊。

甲：《天水关》这出戏，姜维在教场一传令，那几句流水板，就把赵云卖粘糕的事儿唱出来了。

乙：怎么唱的？

甲：（唱）这一般五虎将俱都丧了，只剩下赵子龙他老迈（卖）年（粘）高（糕）——他老卖粘糕！

听到这儿，观众大笑。他们就明白了，这段相声利用汉字谐音，把“老迈年高”，说成“老卖粘糕”了。

gǎo

杲

甲骨文

金文

小篆

隶书

楷书

太阳升上了树梢——杲

“杲”，是由“日”和“木”组成的会意字。

你看，日字放在木字上面，表示太阳已经高高地升上了树梢，大地一片光明，所以“杲”字表示光明。杲杲，是指太阳明亮的样子。

“杲”，也是一个姓。

汉砖欣赏

霍去病解“杲”字

西汉元狩二年，大将军霍去病击溃匈奴四万余人，剩下的残兵败将见大势已去，便假装投降，准备再伺机造反。

霍去病对这些人的归顺之意根本不相信，所以一直留了个心眼，安插了数名亲信在他们的内部，他们刚开始密谋，霍去病就知道了。可不知他们什么时候行动。

这天一早，霍去病在大营外巡视，走着走着，忽然发现所有匈奴人的营帐外都写着一个大大的“杲”字。霍去病一看，心里有数了，把所有的将领召集来，说：“看来这些投诚的匈奴今天中午就要行动了，大家快去准备吧！”众将问他如何得到消息的，霍去病说：“‘杲’字上面是日，下面是‘木’，表示太阳升到了树顶上，所以我推断一定是中午。”

果然，在中午大批匈奴人发起攻击，但霍去病早有准备，将他们杀了个片甲不留。

gǎo

稿

谷类细长的茎秆——稿

小篆的“稿”字是个左右结构的形声字兼会意字。左边的“禾”字作形符，表示跟庄稼禾谷有关；“稿”字右边的“高”字读“gāo”，作声符并会意。“禾”字与“高”字组合，指谷类细长的茎秆。因是指谷类植物的茎秆，这跟稻禾庄稼有关，所以古人用“禾”字作“稿”字的形符。

古人为什么用“高”字作“稿”字的声符呢?

甲骨文的“高”字是个会意字。上部像一座阁楼，下部像一座高台。高高的阁楼建在高台上，指“高耸”之义，本义指从上到下距离远。谷类植物的茎大多又细又长，显得高高的样子，所以古人用“高”字作“稿”字的声符并会意。

楷书的字形由小篆演变而来，写作“稿”。

“稿”字的本义指“谷类植物未经处理的禾秆”。

“稿”字由“未经过处理的禾秆”这一本义引申指“还需要加工的诗文图画草稿”，如稿本、稿件、初稿、底稿、原稿、腹稿、定稿、画稿、讲稿、来稿、审稿、投稿、样稿、文稿、完稿、征稿、撰稿、稿纸、稿费、稿酬等词。

小篆

稿

隶书

稿

楷书

“稿”和“腹稿”

王勃（650–676），唐代文学家，他在诗词歌赋上有很高的造诣，他写的《滕王阁序》，显示出他非凡的才华。

那年重阳佳节，江西阎都督在滕王阁大宴宾客，请人为滕王阁写序。其实阎都督只是借机让女婿当众显露一下才华，自吹自擂而已。那篇序早已写好，只是到时默写出来罢了。

阎都督在宴席上摆放好笔墨纸张，假装请名士们执笔撰文。宾客们都明白阎都督的用心，所以都纷纷推托。王勃是临时路过误入宴席的。他不明就里，当众人推托，轮到他面前时，他就欣然应允，接过纸笔，坐下便飞快地写了起来。

阎都督对王勃这样不谦让颇为不满，但也无奈。当家人告诉他已写的几段文字时，不由大吃一惊，特别是听到“落霞与孤鹜（wù）齐飞，秋水共长天一色”这样的词句时，他不由站起来，赞叹道：”天才啊，天才啊，此文将震动文坛啊！”

果然，这篇《滕王阁序》名扬天下，成了中国诗词歌赋中的极品，是不可多得的传世杰作。

当时，有不少人怀疑王勃是打好草稿，背熟了才当场写下来的。也有人向他虚心求教，怎么会下笔千言，一挥而就的？王勃如实相告：“吟诗作文，各人写法不一。有人习惯先在纸上写草稿；有人喜欢在肚子里打草稿。我喜欢先磨好墨，放好纸笔，然后蒙头大睡，起身后拿起笔一挥而就。其实我躺下后就思考谋篇布局，遣词造句。有时无处可躺，那我也要在动笔前思考成熟了再动笔。这次在宴席上，众人在饮酒谈笑，乃至互相推托时，我就将该写滕王阁的内容和字句都斟酌好了，所以才能拿起笔就写，用不着多思考了。”

后来，人们把王勃的这种构思方式，称做“打腹稿”，因此就出现了“腹稿”一词。“腹”，就是指腹部，也指肚子。古人总以为人们所思所想都是在肚子里进行的，是由心里想出来的，“心想事成”嘛。稿子也一样，是在腹中形成的，故称为“腹稿”。其实，“腹稿”是作者动笔前的构思，是通过大脑进行的。

gào
告

告诉别人这牛抵人

甲骨文、金文和小篆的“告”字，都是上下结构的会意字。它的上部为一个去掉尾巴的“牛”字，下面为一个“口”字。

有人认为，“告”字是在牛嘴上加个铁箍，防止它偷吃庄稼，是桎梏的意思。

有人认为，“告”字是“梏”字的本字，字形表示在一头牛下面放一个食槽，表明是饲养牲口的地方。

还有人认为，“告”的字形像一颗被砍下的牛头，盛放在供桌前的盘子中。这里的“告”表示用牛头祭祖，也表示人们祭告时祷告。

东汉的许慎认为，“告”字上面是“牛”字的简写，下面是“口”字，意思是用嘴告诉别人这头牛抵人，所以“告”的本义是告诉。

“告”字在现代汉语中最常见的用法还是当告诉讲，还可引申为“报告、上告”的意思。如古时候官员因生病向上级请假，称为告假或告病；年纪已大的官员辞官回家叫作告老还乡。

“告”还可以作为姓氏。

甲骨文

金 文

小 篆

告
隶 书

告
楷 书

《说文古籀补》

东晋·王羲之《澄清堂帖》

宋·米芾《草书帖》

王老汉怒斥假广告

南京的王老汉已退休多年，在家养尊处优，一日三餐，山珍海味，几年下来，便成了“三高”（高血压、高血脂、高血糖）人士。王老汉得了这三种病，不得不常跑医院。今儿测血糖，明儿量血压，后天去买药。他成了医院的常客，就连那些推销保健品的业务员也盯上了他。有位推销“天神”保健品的小王，竟认他做干爹，上门来推销产品。

小王按广告词读给王老汉听：“天神包治糖尿病，服用三个疗程就能大块吃肉，大碗吃饭，不再服药，血糖正常。”

王老汉经不住诱惑，花三千多元，买了三大包“天神”。他吃了三个多月，血糖非但没降，反而高出一倍，继而出现并发症状。幸亏及时住院治疗，这才稳住病情。

这天，小王打来电话，邀请王老汉参加一个促销会，并请他作大会发言，答应奖他一个疗程的“天神”。

王老汉如约而至。他走上讲台，面对几百位病友，劈头问道：“各位，你们看看手中的宣传广告，你们知道，这‘广告’的‘告’字为什么这样写吗？”

台下听众惊奇地望着他，没人回答。王老汉压住怒火，用手指在半空中一笔一画地写，“上面是个‘牛’字，下面是个‘口’字。用嘴吹牛，就是‘告’。‘天神’的广告全是假的，都是吹牛、骗钱、害人。”他这几句话，如雷贯耳，听得全场人目瞪口呆。

老汉拿出病历和化验单，讲了自己受骗的经历，台下的病友们听了，纷纷议论开来。王老汉怒斥“天神”保健品的消息不胫而走，当地媒体作了详细报道，市民们对王老汉戏说广告的“告”字的事迹，都拍手称妙。

gē

戈

甲骨文

金文

小篆

戈
隶书

戈
楷书

长柄横刃的兵器——戈

甲骨文和金文的“戈”字的象形字，字形就像一把长柄横刃的兵器，用青铜或铁制成，顶端配有饰物。金文的字形承接甲骨文，使其线条化。小篆的字形承接金文，使其整齐化，文字化。隶变后的楷书写作“戈”。

《说文解字》对“戈”字的解释是：“戈，平头戟也。从弋，一横之，象形。”这里的“戟”读“jǐ”，也是一种兵器，可直刺和横击。

“戈”字的本义指“一种长柄横刃的兵器”。“戈”字由本义引申泛指“武器”，如“戈兵”一词，泛指兵器，也比喻战事，也称“兵戈”。古代的战船称“戈船”。“戈”和“矛”称“戈矛”，也泛指战事和兵器。

在战争中掉转枪头，攻击原来所属的一方称“倒戈”，也称“反戈”。“干”和“戈”是古代常规兵器，后来用“干戈”二字泛指兵器，也指战事。“同室操戈”“枕戈待旦”“大动干戈”“反戈一击”中的“戈”字都是指兵器。

“戈壁”是蒙语，称沙漠地区，地面主要由砾石构成。

“戈”和“倒戈”

距今三千六百多年前是商朝，商朝前后经历了六百多年。商朝末年的纣王，是商朝最后一位君王。此人残暴无比，荒淫无度，是历史上臭名昭著的暴君。“助纣为虐”这一成语就是说的他。

纣王穷奢极欲，挥霍无度。他大兴土木，为自己建造宫殿，还异想天开地建造了酒林肉池供自己享乐，又造了座储藏金银财宝的鹿台。他的倒行逆施，遭到很多大臣的反对，但反对他的人，或被火烧死、或被开水烫死，或被活活打死。他的叔父比干，因劝他要善待百姓，劝戒他三天三夜不离去，纣王竟丧心病狂，将叔父比干的心扒出来展览……

纣王的残暴，引起了不少部落的反抗，其中最强大的一支力量是周武王所率领的军队。

周武王拜姜子牙为军师，率军杀向商朝首都朝歌，四方诸侯纷纷响应，投奔周军，共同灭商。

纣王是暴君，但他聪明又有武力。他并没有坐以待毙，而是率领自己的军队集结在牧野一带，准备与周武王的大军决一死战，以求保住自己的王位，但纣王错误地估计了自己军队的实力。他军队里的士兵，都是被他压榨的奴隶，他们早就恨透了纣王，怎能为他拼死作战呢？当两军对阵，战鼓擂响，对方士兵冲杀过来时，纣王的士兵们立即转身，握着手中的戈，杀向纣王的阵地，就这样，纣王的士兵，大批地掉转方向，加入武王伐纣的队伍，纣王节节败退，最后退到都城朝歌。即使在朝歌，他也是众叛亲离，没人跟着他。纣王见大势已去，就爬上鹿台，纵火自焚。商朝由此灭亡，周朝建立。

在武王伐纣的这场战役中，纣王的士兵掉转矛头，攻打自己一方的行为，被后人称之为“倒戈”。“倒”，指掉转方向；“戈”，指一种兵器，泛指各种武器；“倒戈”就是掉转手中武器的方向，比喻在战争中投降对方，反过来攻打原先自己的一片。现在的用法不局限于指战场。在日常生活中，两方争斗，一方的人投向另一方也可称“反戈”，与“反戈一击”同义。

gē
哥

两可为哥

小篆的“哥”字，是由上下两个“可”字组成的，它的本义是指声音，也就是发出声音的话语。由于唱歌是最美的声音，也是很响的声音，所以“哥”字在古代就是歌唱，与“歌”字同一个意思。后来出现了“歌”字，“哥”才指同辈中年纪比自己大的男子，称为“哥”，如表哥、堂哥、老大哥、王大哥。

“哥”字的本义为什么是指“声音”呢？这两个“可”字是什么意思？

说到“哥”字先得说说“可”字。

在甲骨文里，“可”字是个会意字，它的左下方是个“口”，表示声音是从“口”中发出的。“口”的右上方那一横一折，是个符号，表示人的手掌或右手臂弯曲的形状。这弯曲的形状表示什么意思？有人猜测，这是人们在万不得已的情况下，用手捂住嘴，低声交谈或防止咳嗽。

为什么低声交谈，又要防止咳嗽？这就得考虑古人在伏击野兽或偷袭敌人时，不能发出响声，因此，“可”的本义是指“许可，准许”。两个“可”重叠在一起，表示双重许可。既然双重许可，那就可以放声歌唱了，这就是“哥”字的来历。

金文

小篆

隶书

楷书

唐太宗《淳化阁帖》

宋·苏轼《停云馆法帖》

宋·黄山谷《三希堂法帖》

“哥”字三解

抗日战争时期，大汉奸汪精卫在日本人的扶持下，于1940年4月，在南京建立傀儡政府，当上了汪伪政权的主席。

汪精卫心中有鬼，他时时防人暗算，一直心绪不宁。

这天傍晚，汪精卫穿上便服，独自上街散心解闷。他走到鸡鸣寺附近，见路边有个测字摊，招牌上写着“字有三解，可知一生”八个字。一位花白胡子老头坐在那儿闭目养神。汪精卫好奇，便走了过去。老头见来了顾客，开口问道：“先生，可要测个字，预知祸福？”说罢，递上个布口袋，让汪精卫摸一个字。

汪精卫也不答话，伸手在布口袋里摸出个字，一看，是个“哥”字。

测字老头一看“哥”字，又看看汪精卫，说道：“先生，你这哥字有三解。哥者，两可相加。第一解，可父可师；第二解，可敬可佩。”

汪精卫听了，心中暗喜。他觉得自己现在是政府主席，地位显赫，确实是可父可师。又想起自己少年时代，曾有行刺清朝摄政王的壮举，也确实风光过一阵子，这也算得上可敬可佩。

想到这儿，汪精卫认为这测字老头水平可不一般，连忙问：“这哥字的第三解呢？”

测字老头又闭目养神，说：“这第三解可谓天机，明日再说。”

汪精卫不想暴露自己身份，丢下几个零钱，怏怏而去。

第二天傍晚，汪精卫又来到测字摊前，但已不见老头的身影。再一看，只见地上用白粉笔写着一行大字：“哥字第三解，可剐可杀。”

汪精卫看了，顿时头晕目眩，差点昏倒在地。

放下不动——搁

gē

搁

小篆的“搁”字是个左右结构的形声字兼会意字。左边的“提手旁”作形符，表示跟手有关；“搁”字的右边是“阁”字，读“gé”，作声符并会意。“手”与“阁”字组合，指放下一样东西，不再动它。因是指放下一样东西，必定用手，所以古人用“手”字作“搁”字的形符。

古人为什么用“阁”字作“搁”字的声符呢?

小篆的“阁”字是个上三包围结构的形声字兼会意字，外框是个“门”字，里面是个“各”字。小篆的“各”字是个上下结构的会意字，上面的“夂”字读“zhǐ”，是个倒写的“止”字，表示迎面而来的脚，且是左脚；下面的“口”字指穴居的洞口，表示到来之义，左脚表示停止。“各”字与“门”字组合，指门开后插在两旁用来固定门扇，防止其自动关上的长木橛之类，其作用犹如今日门背后的门吸。后来引申指“大屋里隔出的小房间”，如小姐住的“阁楼”。可见这“阁”字有“阻止”及“停止”之义。而将东西放下不再动它，也有“停止”之义，所以古人用“阁”字作“搁”字的声符并会意。

楷书的字形由小篆演变而来，写作“擱”，现简化为“搁”。

“搁”字的本义指“放下不动”，如停止写作或绘画称“搁笔”。“搁”字由本义引申指“停顿”，如停留、拖延称“耽搁”，拖延耽搁称“延搁”。“搁”字是个多音字，读“gé”时，指“承受”，如搁不住、搁得住。常用来指脸面，如搁不住这老脸。

小篆

擱

隶书

搁

楷书

“搁”和“搁笔”

东汉末期有位著名的大才子、大文学家名叫王粲。王粲天资聪颖过人，有神童之称，十七岁即有文名。他不仅聪明，记忆力惊人，且精于算术，有些多位数的加减乘除，别人要笔算好一会儿，他光凭心算，便能准确报出答案来。

王粲以诗赋见长，被誉为“建安七子”之首。可惜他诗文存世不多，加起来仅八十余篇，但都是精品，他英年早逝，只活了四十岁。

王粲曾在曹操手下供职。魏国建立后，任侍中，魏文帝对他很信任，凡重要文书、文告及法令章程等起草事宜都交给他。

王粲起草文书，打好腹稿，下笔成文，文不加点，一挥而就，用不着修改，也用不着誊（téng）清后再送魏文帝。甚至有人怀疑这是他预先写好的，由此可见，他的文思和文笔是何等高妙了。

《三国志》一书在为王粲立传时，有这么一段文字：“粲才既高，辩论应机，钟繇（yáo）、王朗等虽各为魏卿相，至于朝廷奏议，皆阁笔不能措手。”

这段话的意思是：王粲有很高深的才华，跟人辩论时无话不答，随机应变，像钟繇和王朗这两位同时任魏国高官的文学大家，一旦魏王有重要文件要起草，这两位都停下笔来，根本不敢动手来写。

王朗是魏国初建时的重臣，史书说他“博识能文，擅长奏疏”。就是说他很有文才，特别会写奏章文书。“疏”（shū），指封建时代臣下向君主分条陈述事情的文字，即“上疏”“奏疏”。钟繇也是魏国重臣，此人精工书法，尤工草书，后人将他与书圣王羲之并举。你想，这两个人见王粲起草文章了，他们竟吓得搁下笔来不敢再写了，可见王粲的文笔好到什么程度。

后来便有了“搁笔”一词，指“放下、停下”的意思。原意是，觉得自己写的文章不如别人，就不再动笔写了。如今这一词的意思更为宽泛，就是表示不再动笔了。在书信末尾，常以“就此搁笔”作结束。

古代的“阁”与今日的“搁”同义。“搁”是后来出现的。

用刀截断——割

gē
割

金文

小篆

割
隶书

割
楷书

金文的“割”字是个左右结构的形声字兼会意字。右边的“立刀旁”是形符，表示跟刀具有关；左边的“害”字读“hài”，作声符并会意。“立刀旁”与“害”字组合，指用刀截断、裁切。

要将一样东西截断或裁切，必得用刀，所以古人以“立刀旁”作“割”字的形符。

古人为什么用“害”字作“割”字的声符呢?

古代的“害”字有“伤害”“损害”“祸害”之义，将物体截断，必定会对原物有损害，所以古人用“害”字作“割”字的声符，以突出“割”字的破坏力。

小篆的字形由金文演变而来。楷书的字形由小篆演变而来，写作“割”。

割字的本义指“用刀裁切、截断”，如割掉、除去称“割除”，切断也称“割断”，把本来统一的事物人为的割开称“割断”或“割裂”，收取农作物称“收割”，屠宰称“宰割”。“宰割”也用来比喻侵略、压迫、剥削。还有割据、割让、交割等词。

“割”字由本义引申指“舍弃”，如让出或放弃心爱的东西称“割爱”，舍弃、抛弃、舍去称“割舍”，因战败或受侵略被迫把部分领土让给别国称“割让”，把整体或有联系的东西强行分开称“分割”。

章太炎为慈禧题寿联——割

1904年，慈禧太后70大寿，清廷官员为讨好慈禧，大搞庆寿活动，规定各地都要贴一副相同的对联：“一人有庆，万寿无疆。”这些人认为这对联对仗工整，以“一”对“万”，以“有”对“无”，简单明了，便于歌颂，能博得慈禧的欢心。

章太炎看到这副对联，怒不可遏。想到慈禧的种种罪恶，连夜撰成一联：

今日幸颐和，明日幸海子，几忘曾幸古长安，亿万膏血轻抛，只为一人庆有；

五十割琉球，六十割台湾，七十又割东三省，千里版图尽弃，预期万寿疆无。

上联中的“幸”字，在古代指帝王到达某地如“巡幸”。上联说的是慈禧今天光顾颐和园，明天逛逛北海，什么时候去看看古城长安？那儿亿百万百姓被剥削压榨，民脂民膏都被搜刮干净了，却只为自己一人享乐，这句话也暗含讽刺之意。八国联军攻进北京时，慈禧太后曾避难往西逃到长安。

下联讲的是慈禧五十岁时割让琉球群岛，六十岁时割让台湾，七十岁时又割让东北三省。如此割让下去，数千里大好河山都被割让光了，这里的“割让”二字，深刻揭露了慈禧的卖国罪行。

这副对联很快传播开了。尤其是上下联最后四个字“一人庆有”和“万寿疆无”，这和原先朝廷规定的“一人有庆，万寿无疆”稍有不同。章太炎将最后两个字前后颠倒了一下，其意义就完全相反了。这样更突出了此联的思想深度和艺术魅力。

固定门的长木桩——阁

gé
阁

閣
小篆

閣
隶书

阁
楷书

小篆的“阁”字是个上三包围结构的形声字兼会意字。外面是个“門”，作形符，表示跟门有关；里面是个“各”字，作声符，读“gè”。“门”字与“各”字组合，表示门打开后，插在两旁用来固定门扇，防止其自动关闭的长木橛之意。

古代的门一般分左右两扇，合着为“门”，半门为“户”，故有“门户”一词。在外者称为“门”，在内者称为“户”，“门户”是门的通称，比喻出入必经之地。

古人为什么用“各”字作“阁”字的声符呢?

甲骨文的“各”字是个会意字，上面是个“止”字，下面是个“口”字。两形组合，指人从外面走到门口，本义指“来到”，兼有“各个、各自”的意思。“门”与“各”组合，意为使两扇门各自张开的东西，这东西便是固定门的长木桩。

“阁”字的本义指“门开后插在两旁用来固定门扇的长木桩”。隶变后的楷书写作“閣”，现简化为“阁”。

“阁”字与长木桩有关，在四根木桩上放几块木板，就成了堆放杂物的架子，这就是人们常说的“束之高阁”中的“阁”之意。

“阁”字假借指“一种类似楼房的建筑物”，如阁楼、空中楼阁、仙山琼阁。楼与楼之间架空的通道称“飞阁”；大屋子里隔出来的小房间也称“阁”，如“暖阁”；旧时代把女子住的小房间称“闺阁”，所以姑娘出嫁了称“出阁”；宫廷中收藏图书，安置贤才或绘像表功的房子也称“阁”，如“麒麟阁”、“天禄阁”。

“阁”字还引申指“某些国家的最高行政机关”，如内阁、内阁总理大臣、阁员、阁僚、入阁、倒阁、组阁等词。

不愿担任“直密阁”——阁

古代的避讳大致可分三大类：一是跟皇帝有关的公讳，那是绝对不能触犯的，全国百姓都要遵守；二是跟地方官员有关的，这应该属私讳，但出于礼貌与尊重，你也得注意避讳，所以旧时官场上，当新官上任时，下级官员便要向新来的长官请示家讳，久而久之，这种做法便形成了一种规矩，人人都得遵守；第三类是私讳或家讳，就是平民百姓间要注意的避讳，主要是指对自己父母祖先的姓名要注意避讳，不得冒犯，否则便是不孝子孙。

古代的避讳故事是说不完的，因为每天写字讲话的人不计其数，时时刻刻都存在着避讳的事儿。宋朝有位大臣名叫杜衍，他被朝廷派往并州任刺史。到任没两天，当地的大小官员就来请示他的家讳。杜衍就告诉他们：“我父亲的名字，耳朵可以听，但嘴里不能说，所以应该避讳的。但这些只在于我自己，因为我是他的儿子，这跟别人有什么关系呢？所以本官无所讳，唯独忌讳那些贪赃枉法的人！”

这位杜刺史，可算得上是个开明的人了。与他同时代的大臣张永年跟他相比，可就差远了。

张永年在朝廷任右朝大夫。他的父亲名叫张阁，是前朝著名学者，留有大量著作。张永年向皇帝进呈父亲的遗文有功，所以被任命为“直密阁”的官衔。岂料，张永年认为，这“直密阁”的官衔中有个“阁”字，与他父亲的名字同字，触犯了他家的私讳，所以他请求回避，不愿担任“直密阁”。他的请求被拒绝，还遭到弹劾，后来经朝廷讨论，又赦免了他的罪，恢复他原来的职务，担任右朝大夫。此后这张永年请求用“直密阁”这官职，另换了一个差事。

张永年为了官职上的一个字，竟如此折腾，表明了他对家讳的虔诚，在今人看来，是多么迂腐啊。

壳能开能合的蛤蜊

gé
蛤

小篆的“蛤”字，是个左右结构的形声字兼会意字。左边的“虫”字是形符，表示跟昆虫之类有关；右边的“合”字读“hé”，作声符兼表意。“合”字与“虫”字相组合，指一种外壳能开能合的软体动物。因是一种软体动物，所以古人用“虫”字作形符。在古代，“虫”字是所有动物的总称，所以古人用“虫”字作“蛤”字的形符。

古人为什么用“合”字作“蛤”字的声符呢？

“蛤”这种软体动物，外面有一层硬壳，为了保护自己和生存需要，这层坚硬的外壳，能张开，也能闭合，所以古人用“合”字作“蛤”字的声符并会意。

楷书的字形由小篆演变而来，写作“蛤”。

“蛤”字的本义指“软体动物蛤（gé）蜊”。

“蛤蜊”是双壳类软体动物，长约三厘米，壳卵圆形，淡褐色，边缘紫色、生活在浅海底，又称“文蛤（gé）”，“蛤蜊”是“文蛤”的统称。

蛤蚧（gé jiè），是种爬行动物，外形像壁虎而头大，背部灰色而有红色斑点，吃蚊子苍蝇等小虫，可入药。

“蛤”字是个多音字，读作“há”时，指“蛤蟆”，也就是“癞蛤蟆”。“蛤蟆”也称“虾蟆”是青蛙和蟾蜍（chán chú）的总称。

小篆

蛤
隶书

蛤
楷书

蛤合鸽

明朝文人陈继儒写的《续酒癫》中记有一则故事，讲的是唐代宰相令狐楚以行酒令的方式来考察人才，读来十分有趣。

当时有位诗人名叫顾非雄，很有才学，令狐楚听说了，便邀他到家作客，到时用酒令来考考他是否才思敏捷。

席间，令狐楚出了个“一字令”：

水里取一鼍（tuó），
岸上取一驼。
将这驼，
来驮这鼍，
是为驼驮鼍。

鼍，就是扬子鳄，俗称“猪婆龙”。驼，读“tuó”，即沙漠之舟骆驼。驮，读“tuó”，作动词指牲口驮重物。这三个字同音，连在一起就是“骆驼驮着鼍”。在酒令中，也算得上是刁钻古怪了。

顾非雄确实机敏有急智。他接令道：

屋头取一鸽，
水里取一蛤，
将这蛤，
来合这鸽，
是为蛤合鸽。

蛤，即蛤蜊；鸽，就是鸽子。合，就是合拢，死死地夹住。这三个字在当时是同音，今日恐有些差异。三字连在一起就是“蛤合住了鸽。”

令狐楚听罢，对顾非雄的才智大为赞赏。这小令留到今日阅读，谁人不是赞叹不已？

gè
各

甲骨文

金文

小篆

各
隶书

各
楷书

人多嘴杂各说各

甲骨文、金文、小篆的“各”字，写法基本相同，分上下两部分。但人们对它的理解不同。

有人认为，古代的“各”字，上面像人的脚，下面的字形像人住的洞穴，表示人由外面来到住的地方，正巧与“出”字相反。这“各”字的本义就是指“来、到、至”的意思。后来借用为指示代词，表示“不止一个、每一个”的意思，如各自、各种各样。

古人为什么将“各”作指示代词用，表示不止一个，或表示彼此不同呢？看来这与相对的“出”字有关。“出”，表示向外出去，“各”，表示由外进来，正巧相反。一进一出，不一致，这就有各行其是的意味，也就显得各不相同了。

这个说法，似乎不能令人信服。有学者认为，“各”字的上半部分指人，而且是许多人；下面是“口”字，“口”字用来说话，表达自己的愿望。两部分结合在一起，就是许多人在一起，各人说各人的，这就把“各”字现在用的词义解释清楚了。各有千秋、各自为政、各个、各别都是这层意思。

东晋·王羲之《淳化阁帖》

宋·米芾《三希堂法帖》

客人脱帽再进门——各

江苏有家出版社，退休老人每月到社里聚一次。但现在许多人都搬到郊外过乡村生活了，大家约定，轮流做东，上门聚会。

这天，轮到老王做东，老刘、老朱、老吴七八个人结伴前往远在珠江镇的王府做客。老王在山脚小溪边租了农民一亩地，过起了王爷般的日子。这天下着小雨，大家心情却十分欢畅，汽车停在大门外，七八个老头子就开始打趣了。他们原先都是文史编辑室的，每个人肚子里都装满文字趣话，没等客人进门，老王便出了个字谜："诸位，有个字谜说出来，让大家猜猜，也算表达我王某的舒坦心情。"

老刘说："莫卖关子。天上下雨呢，说出来好让我们进屋喝茶。"

老王说："我家房子不寻常，坐落一条小溪旁。门外滴滴答答雨，门内太阳亮堂堂。"

老刘是个急性子，抢着说："王公，这种字谜还用猜吗？你这房子坐落山涧溪水边，不就是个'涧'字么？"

老王发觉没难住他，略一沉思，说："好，被你猜中了，下面还有一个，听着，'我家大门开，今有客人来。请先脱下帽，然后再进来。'"

众人一时难住了，一个个先忙着收雨伞，脱帽子，鱼贯进了大门。老王把客人让进客厅，忙着倒茶递烟，大家随意聊开了。

老刘是个认死理的人，他还在琢磨老王出的字谜呢。他暗自思忖：这四句话中，关键是"门开""客来""脱帽""进来"。"客"脱帽不是个"各"字么？门内有个"各"字，不就是"阁"么？想罢，他大声对老王说："王兄，你这明明是平房，怎能自称楼阁呀！你这四句话，说的就是'阁'字啊。"

老王一听，竖起大拇指："高，水平高，又被你猜中了！"

持续不断地供应——给

gěi

给

小篆

給

隶书

给

楷书

小篆的“给”字是个左右结构的形声字兼会意字。左边的“绞丝旁”作形符，表示跟丝麻之类有关；右边的“合”字读“gěi”，作声符并会意。“合”字与“丝”组合，指持续不断地予以供应，使其富足、丰富。因是指持续不断地供应，就如同丝一样，很长很长。此外，需要供应的主要是衣食，而丝与衣裳有关，所以古人用“丝”字作“给”字的形符。

古人为什么用“合”字作“给”字的声符呢？

古代的“合”字都是会意字，由“口”字和“亼”字组成。“亼”字读“jí”，上面是“人”字，下面一横，字形像覆罩着的器皿的盖子。隶变后的楷书写作“亼”，本义指“扣合器皿的盖子”。“亼”与“口”字组合指盖子与器皿的口相合，本义指“扣合”。而供应与需求要相扣合，要相互适宜，所以古人用“合”字作“给”字的声符并会意。隶变后的楷书写作“給”，现简化为“给”。

“给”字的本义指“供给”。“给”字是个多音字，读作“jǐ”时，指“供应”，如给需要的人生活中必须的物资称“供给”。也指“富裕充足”，如自给自足。

当“给”字读作“gěi”时，指使对方得到东西，如给他衣服。由上义引申指“交付”或“付出”，如留给、送给、让给。由上义引申指“向、对”，如给妈妈写信，给爷爷敬礼。又引申指“让、被”，如给蛇咬了。又引申指“为、替”，如她给你打针。

残命未绝——给

民国年间，南京夫子庙文德桥头的测字大师胡铁嘴，以测字闻名，但熟悉他的人都知道，他当过北京同仁堂的药工，曾拜药店坐堂老中医为师，学到不少医学知识。

这天，他住在下关迎龙桥的发小儿刘老四哼哼唧唧地找上门来，要胡铁嘴给他测测字，治治病。不去请医生诊治，却要测字先生测字，这种怪事儿，在当时见怪不怪，对胡铁嘴更是常事。

多日不见，刘老四老多了。他比胡铁嘴大两岁。胡铁嘴扶他坐下，倒茶递水后问："老哥哥贵体欠安，又要测什么字啊。"

刘老四把手伸到布袋里一边摸字，一边说："让老天爷选个字来让你测。"他一看，摸出的是"给"字。

胡铁嘴写了个"给"字说："'给'字左边是绞丝旁，右边是'合'字。绞丝旁表示丝线，又长又细，绕成一团，有悬而未绝的意思。右边的'合'字看上去是个不完整的'命'字。这两个字合在一起表示残命未绝，也就是你命不该绝，还能活下去。"

刘老四听了，好像打了一剂强心针，脸色红润起来，又伸手摸出个"昔"字说："事不过三，你再测测这个字，要晓得，我现在度日如年啊。"

胡铁嘴指着"昔"字说："按字形说，这'昔'字拆开为'二十一日'，也就是你只能活二十一天了。"

刘老四一听，脸色顿时煞白，就差昏厥过去了。胡铁嘴一把扶住他，笑道："老哥哥你放宽心，你刚刚不是说度日如年吗？二十一日便是二十一年啊。到那时你已九十多岁，也算寿终正寝了，阎王不请你也该自己去啦。"

一番话，说得刘老四缓过神来，呵呵地笑了。

植物的地下部分——根

gēn
根

根
金文

根
小篆

根
隶书

根
楷书

小篆的“根”字，是个左右结构的形声字兼会意字。左边的木字旁是形符，表示跟树木植物有关；右边的“艮”字是声符，读“gèn”；这两个字形组合在一起，指植物的地下部分。

树木花草之类的植物，不管是地下部分还是地上部分，都与“木”有关，所以“根”以“木”为形符。

古人为什么用“艮”字作“根”字的声符呢?

因为“艮”有目视互不相让之义，又有“坚固、坚硬”之义，而“根”有相互交错缠绕之状，含互不顺从的意味。

“根”还有根深蒂固、毫不动摇的意味，所以“根”字用“艮”字作声符并会意。

“根”字的本义指“植物茎干下部长在地下的部分”，如树根、草根、根苗、须根、扎根、盘根错节。

“根”字由本义引申指“物体的基础部分和其他部分相连接的地方”，如根基、根底、城根、舌根、牙根、命根。

“根”字又引申指“事物的本源”，如根由、根源、根本、病根。由此又引申指“依据、凭证”，如根据、存根、票根。又引申指“彻底”，如除根、根绝、根治、根除、根究。

“根”字也作量词用，一般多用于细长的东西。如一根绳子、两根棍子、一根钢管、一根筷子。

“根”字也用来比喻子孙后代，如这孩子是他们家的根。

“根”字也作姓氏用。

树“根”的启示

今天，无锡东门中学的杨老师，讲解了课文的关键字“根”字，他要同学们按自己的理解，谈谈对“根”字的认识。

金一鸣第一个发言：“暑假，我跟爸妈到广东七星岩旅游。我看到一座山峰上有条瀑布奔腾而下，却没声音。再一看，原来“瀑布”是山上一棵大树的树根形成的。粗细不等的树根伸出泥土，钻过石缝，穿透岩石，直至山脚。又由山脚扎入地下，穿过一条石子路，将路基拱起，再钻出来，又将驳在湖岸上的石块胀裂，最后伸进山脚下一座小湖的湖水里……”

杨老师说：“正因为树根这么扎实、广阔，它才称为根源、根本、根底、根基啊。”

刘坤培说：“暑假我到九寨沟旅游，在三江源头，我终于找到了长江的水是从哪儿来的。我在半山腰上，看到一滴滴水珠从石缝里滚落下来，汇成小溪，一条条小溪流向水沟，一条条水沟流向小河，一条条小河流向泯江，又汇入长江……这儿就是长江的源头，是长江水的根源。”

牛皮•唐说：“昨晚我们小区发生火灾。因为底楼有户人家搞装修，堆了不少木料、塑料。楼上有个人吸烟，把烟头扔下去，点着了塑料，引发了火灾。依我看，那吸烟的人就是祸根。”

金一鸣颇为气愤地说：“祸根是这些人缺乏社会公德，没有养成良好的行为习惯。”

刘坤培说：“我们说了树根、祸根、根源，还有一个寻根的故事哩。我外婆村上有位从巴西回来的老华侨，他将他父母的骨灰带回来，撒在家乡的小河边、田埂上。然后一个人在村头树林里跪着，嘴里还啃着从地上拔起来的草根。临走时，他带着一包家乡的泥土走了。我想，这就是寻根吧。”

脚的后部——跟

gēn

跟

金文

小篆

跟
隶书

跟
楷书

小篆的“跟”字，是个左右结构的形声字兼会意字。左边的足字旁是形符，表示跟脚有关；右边的“艮”字是声符，读“gèn”。这两个字形组合在一起，指人脚的后面部分。因指的是人的脚的部位，所以“跟”字用“足”字作形符。

古人为什么用“艮”字作“跟”字的声符呢？

因为“艮”字是“根”字简省的写法。“跟”是指脚的后部，这儿是支撑人全身的根本，重量都由这儿承载，这儿是人的根基，所以“跟”字用“艮”字作声符并会意。

隶变后的楷书写作“跟”。

“跟”字的本义指“脚的后部”，如脚跟、脚后跟。

“跟”字由本义引申指“鞋袜的后部”。鞋或袜挨近脚跟的部位称“后跟”或称“鞋跟”。

“跟”字又引申指“随在后面，紧接着”。如跟在后面作同样的行动，或指随从人员称“跟随”；紧紧跟在后面称“跟踪”；随同某一劳动集体或某一学习集体一起活动称“跟班”，旧时跟随在官员身旁供使唤的人称为“跟班儿的”；在后面紧接着向同一方向运动称“跟着”；在互联网上跟随他人发表帖子称“跟帖”；因失去平衡而摔倒或向下弯曲而翻转的动作称“跟头”；身体向下翻转，而后恢复原状称“翻跟头”。

“跟”字又指“对、向”，如我跟大伙说过了。

“跟”字也表示“嫁给某人”，如她跟了老刘几十年了。

孝子翻"跟"斗

翻跟斗，也称翻筋斗、翻斤斗，这是儿童游戏。成年人除了表演杂技，翻个头不着地的空心跟头，谁还会玩这个游戏呢？

却说从前苏北农村有位忠厚老实的庄稼汉，姓潘，名银斗，娶妻乜氏。这"乜"字是稀姓，读"niè"，另外还有人读音"miē"。除了作姓氏用，也指斜着眼看人，表示不满、轻视之义。

这对夫妻对长辈都很孝顺。这年，潘银斗的父母先后去世，为了表示孝心，夫妇俩特地请来七八位和尚到家里做道场，也就是由和尚念经做法事，以超度父母的亡灵。

有位做法事的和尚，大约是领头的。此人初通文墨，识字不多。按程序，由他诵读孝子名单，给父母牌位跪拜，他大声叫道："孝男——翻跟斗——"。

站在一旁的潘银斗听了，愣了一下，继而想："恐怕父母在阴间遭罪，要我翻跟斗为二老赎罪吧？"想罢便在父母牌位前的空地上，连翻了几个跟斗。和尚一见，傻眼了，忙拉住他，此时潘银斗人因连翻了七八个跟斗，已气喘吁吁了。和尚叫他站到一边，又继续叫道："孝媳——也氏——"。

潘银斗一听叫他妻子也是这样，吓得赶紧向和尚求饶："大师傅，使不得，使不得。我妻子身怀六甲，不能翻跟斗呀，实在要翻，由我代替吧！"说罢，趴到地上，低头又要翻将起来。和尚不知这孝子为何如此，为平息事态，他挥挥手说："你就代她磕个头吧！"

说来笑话一场。这事儿阴差阳错，全怪识字不多的和尚，他把"潘银斗"读成了"翻跟斗"，把"乜"氏读成"也"氏，潘银斗误以为"也"是啦。

响铃之类的乐器——庚

gēng

庚

甲骨文的“庚”字是个象形字，字形像两边有耳把可摇的响铃一类的乐器，犹如后来民间常见的拨浪鼓。金文的“庚”字字形与甲骨文字形大体相同。小篆的字形由甲骨文演变而来，但有所变化，两边的耳把变成了两个“又”字，像两手捧着“干”字形。隶变后楷书写作“庚”，本义指“响铃之类的乐器”。

“庚”字的字形有多种解释。有人认为，小篆的“庚”字，像两手捧着“干”字。这“干”字指两手持枝干，指树杈之类。

也有人认为，甲骨文和小篆的“庚”字，不是指可摇动的响铃，也不是指枝干，而是指日常生活用的筛米去糠之器，小篆后加的两只手，使这一意义更加突出。

还有人认为，小篆的“庚”字，像双手摘取草木上的果实。“庚”字的本义未见于文献，颇有争议。后世所使用的“庚”字都是假借义，指天干中的第七位。1900年，清朝光绪二十六年为庚子年，清政府被迫付侵略中国的八国联军巨额赔款，史称“庚子赔款”，简称“庚赔”。

“庚”字后来被用来指“年龄”。如问人家多大年纪时称“贵庚”，年龄也称“庚齿”，同龄称“同庚”。

旧时男女订婚，双方交换帖子，上面写着订婚者的姓名、生辰八字、籍贯、祖宗八代等内容，称“八字帖”，也称“庚帖”。

“庚”字也作姓氏用。

甲骨文

金文

小篆

庚
隶书

庚
楷书

广结慧人心——庚

却说民国年间某天，南京夫子庙测字大师胡铁嘴家来了位小伙子，可怜巴巴地央求胡铁嘴："胡大爷，救救我。明天有人来找你测'庚'字……"

这小伙子是江宁人，与吴姑娘情投意合，双方家长也点头认可，相互交换了庚帖。事儿就出在这"庚帖"上。女方父母请来位测字先生，要他以"庚帖"的"庚"字测未来女婿的前程。这测字先生把"庚"字说成"庸"字头，里面是个"人"字，断定这是个没出息的庸人。还说这"庚"字里有把扫帚，说这人是个扫帚星、败家子。女方父母一听犹豫了，说要到南京夫子庙找最出名的测字先生再测测……

胡铁嘴见小伙子眉清目秀，面有善相。听罢他的叙述，知道这孩子遇上了个测死字、死测字的庸才，便安慰他："好吧，明天到文德桥找我吧。"

第二天，小伙子领着女方父母，显出东问西找的样子，来到胡铁嘴测字摊前。小伙子很机灵，借口买糕点走开了。

胡铁嘴问："二位问什么事，测什么字？"

女方父亲掏出"庚帖"，指着"庚"字说："问小女婚姻大事，测这'庚'字。"

胡铁嘴故意问："刚刚那位是未来女婿？"见二人面有尴尬，随即说："这'庚'字好哇，有破格相庆之状啊。千金尚未出嫁，即有喜庆之相了！你看这'庚'字外面是"慶"字头，里面的'庚'字形，有破格之状，向'慶'字靠拢。这是个吉祥字呀。"

女方父亲听了，面有喜色，但仍不放心地问："这'庚'字内外不是有'庸人'之相么？"

胡铁嘴指着"庚"字说："从字形上讲，外面是'广'字头，里面有慧人之心，这样的人到哪儿找？"

这番话，说得两人喜上眉梢，笑逐颜开。

gēng

耕

金文

小篆

耕
隶书

耕
楷书

用犁耙翻耕土地

古代的“耕”字，是个左右结构的形声字兼会意字。左边的“耒”字是形符，这个字读“lěi”，表示与耕田劳作有关；右边的“井”字是声符，读“jǐng”。两形合一，表示用农具翻松土地，这与我们现在依然可看到的，农民用牛耕田，用钉耙翻地一样。

古人之所以用“耒”字作形符，因为“耒”就是古代的一种犁。耕田离不开犁，同样，“耕”字离不开“耒”。

“耕”字为什么用“井”字作声符呢？我国奴隶社会时期，奴隶主为计算自己封地的面积，也为了监督奴隶劳动，就把土地划分成许多方块，这些方块排列得像“井”字形，所以叫作“井田制”。因耕作与田地有关，所以“耕”字用“井”字作声符并会意。

“耕”字的本义指“犁田、翻地”，泛指“从事各种农田劳作”。用来耕地的牛、马、骡子等牲畜称为“耕畜”；用犁翻松土地叫“耕地”。耕田、耕耘、耕种、耕作、备耕、春耕、代耕、冬耕这些词都是这个意思，还有成语耕云播雨、刀耕火种、精耕细作、男耕女织等，也是这个意思。

“耕”字由“耕地劳作”这层意思，引申指“某种事业或工作”。如依靠教书为生的人，是靠用舌头讲话来教学生的，这称之为“舌耕”；用笔写作称之为“笔耕”，这就是伏案笔耕、笔耕不辍的来源。

已经来到乡井——耕

中国古代的算命术中，最重要的，恐怕要数测字了。测字术远在东汉时期就出现了，到了宋朝，几乎达到了高潮。时至今日，测字这一现象，仍在一些迷信，热衷于星相巫术的人群中盛行。

却说苏北阜宁县益林镇有个叫胡得先的人，六十出头，为人聪明好学，精通阴阳八卦，善于拆字解字，帮人排忧解难，在当地颇有名气，人称“胡大仙”。如今虽说干这事儿公开不得，但总有人求上门来，他也就来者不拒，担当此任了。

这天，胡大仙到离镇不远的张吴村亲戚家喝喜酒。喝完酒回家时，在村头碰到正在耕田的吴老汉。因彼此都是熟人，吴老汉“吁——”一声喝住牛，扶着犁对胡大仙说：“老伙计，我家小老巴子外出一年多了，说好这个月回来，怎还没到家呀？你能不能帮我测个字，看究竟哪天回来？”胡大仙问：“测个什么字呢？”

吴老汉说：“我识的几个字都拌饭吃掉了，你就测耕田的‘耕’字吧！”

胡大仙心中暗喜，装模作样地沉思起来。他两眼瞄瞄四周，正等着几个看热闹的人围拢过来呢。他见人来得差不多了，便提高嗓门说：“吴大爷呀，你就放心吧，你家小老巴子三天内准定到家。若我测错了，认罚！”

有人嚷道：“凭这‘耕’字，咋就知道呢？”

胡大仙在手掌上比划着：“这‘耕’字左边是个‘耒’字，这是‘回来’的‘来’。右边呢，是个‘井’字，这‘井’字是‘乡井’的‘井’，‘市井’的‘井’，‘背井离乡’的‘井’。这‘耕’字在告诉你，他很快就回到家乡啦。”

他这一说，众人都点头称是。更奇的是，第二天中午，吴大爷的小儿子便从深圳回来了。

吴大仙为何测得这么准？真是无巧不成书。就在酒桌上，有人无意间提到，说在深圳火车站，见到过吴大爷的小儿在排队买车票。你想，他三天内还能不到家吗？

手持木杖在翻饼——更

gēng

更

甲骨文

金文

小篆

更

隶书

更

楷书

甲骨文的“更”字是个会意字。上面是个“丙”字，下面是个“攴”字。

“攴”字在甲骨文中是会意字，读“pū”或“pō”，上面是棍棒形，下面是“又”字，表示手，作偏旁时写作“反文旁”的“攵”。本义为“击打”。“丙”字在甲骨文中是个象形字，字形像古代烙饼用的平底锅。上面是圆形的平底锅，下面是三足作支撑，当中可生火烙饼。“丙”字与“攴”字组合，指古人有烙饼时用小木棍不停地翻动面饼，使之既烤熟又不烤焦。

“更”字的本义指“翻饼”。

烙饼时要不断用杖翻饼，这有不断变动改变之义，所以“更”字由本义引申指“改变、改换”。如轮流更换，交替称“更迭”；改定称“更定”；改动称“更动”；变更改动称“更改”；变换称“更换”；获得新的生命或使原有性能恢复称“更生”；替换称“更替”。还有更新、更张、更正、更衣、改弦更张、万象更新、自力更生等词。

“更”字由本义引申指“旧时夜间计时的方法”，一夜分五更，每更大约两小时，如打更、半夜三更。

“更”字是多音字，读作“gèng”时，指“越发、愈加”，如更加、更冷、更好地工作。“更”字又指“再、又”，如更上一层楼。

“更”和“半夜三更”

古人一直以太阳和月亮的开落为计时的依据。他们对白天和黑夜计时的称呼有所区别。白天说成“钟”，黑夜说是“更”。

古人是如何报时呢？除了看太阳和听鸡叫，主要靠人工报时。现在稍有规模的古城，在市中心都有“鼓楼”和“钟楼”的古迹。因历代修缮，这些遗迹大都保存下来了。

古时城镇都有专人负责报时。早晨要撞钟，所以白天称为几点钟。傍晚敲鼓，不管乡村或城镇，夜晚都有专人巡夜兼报时，他们打击梆子，以点数报告时间，还高喊“小心火烛”之类的警示语，提醒乡民防火防盗，所以夜晚的时间就称为“更”，也称为“鼓”，“几更天”或“几鼓天”都是指时间。成语“晨钟暮鼓”就来源于此。

古人把一夜分为五更。一更天相当于现在的晚上七点到九点。三更天相当于夜里十一点到凌晨一点。三更天为子时，正是半夜时分，所以称之为“半夜三更”。五更天为三点到凌晨五点，此时大约天快亮了。所以有“起五更睡半夜”之说。除夕夜的“一夜连双岁，五更分二年”也源于此。

“三更半夜”一词有夜已很深或时间很晚了的意思。据说北宋太宗年间，京城有一位文人名叫陈象舆，外号“陈三更”。还有一位名叫董俨，外号“董半夜”。这两位好友是当时京城的大名人。

据《宋史•赵昌言传》记载，陈董二人，常和赵昌言及另几位志趣相投的朋友到赵昌言家喝茶聊天，一直谈到深夜，都不忍散去，当时人们就将陈象舆戏称为“陈三更”，董俨戏称为“董半夜”，二人合在一起称为“三更半夜”，这词流传下来，就成了夜已深的代名词，与“深更半夜”同一意思。

这个故事有点牵强。古人已将一夜分为五更，三更正是半夜，“陈三更”和“董半夜”这两个外号应该是借用“三更半夜”这一俗语而得名的，怎能将他俩的外号说成是“三更半夜”的源头呢？凡事都得有个先来后到啊。

匠人使用的工具

gōng

工

甲骨文

金文

小篆

工

隶书

工

楷书

“工”字是个象形字。甲骨文的“工”字，像斧头之类的工具，上半段是握工具的把手，下半段是工具的锋刃。到了金文字形略有变化，变得很像一把铲子。到了小篆，为了书写方便，把斧头下面的那锋刃变成了一横，这就是我们今天写的“工”字。

随着词义的发展，“工”字泛指“有各种技艺的人”，如矿工、纺织工、漆工等。这样，“工”字又指“工作、劳动、工程”，也就有了工地、工期、加工、施工、竣工等词汇。

也有人提出不同的看法，认为“工”字的上下两横是两根绳或线，也可能是两块玉石或木板之类的东西，当中那一竖，是将上下贯穿起来的东西，所以认为“工”字的本义应该是贯穿。而要将上下贯穿起来，需要耐心、细心，要有一定的技巧，要按一定的规则去做，所以“工”字有“细致、精巧、精致”的意思，如工巧、工笔、工细、工稳等。由“工”字的精巧等含义，又引申出擅长、长于的意思来，如工于心计、工诗擅画。还引申出“技巧”的含义，如武工、唱工、做工。其实，对“工”字上下两横的这种解释有点儿勉强。既然“工”字有工匠、做工、加工的意思，很自然就引申出精巧、擅长等意思了。

“工夫”一词有所不同，它指空闲时间，也指做事花费的时间、精力。

“工”字也作姓氏用。

三人行酒令——工

有一伙大学毕业三十年的同学在南京聚会。酒宴上，众人在欢笑声中争相入席。有按同乡一桌的，有按同姓一桌的，有按吸烟一桌的，有按能豪饮一桌的。唯独老工、老其、良女士几位，他们按自己的姓属稀姓而坐到一桌了。

老同学分别三十年，有谈不完的话，喝不够的酒。这时有人提议：都是文科高材生，今日相逢，不能喝寡酒，也得学学文人雅士，来个行酒令。各人以自己的姓氏为头，吟上几句。

老工自告奋勇打头阵，他朗声吟道："工字本是工，加力便是功，除却功边力，加丝便是红。俗话说，人无千日好，花无百日红。"

众人虽嫌他这番话有点儿悲凉，但还是鼓掌喝彩，以示鼓励。接着老其登场。他吟道："其字本是其，加水便是淇，除却淇边水，加欠便是欺。俗话说，马善被人骑，人善被人欺。"

众人斥道："你这家伙虎背熊腰，只会欺人，谁敢欺你？"大家欢笑一番，良女士登场。她吟道："良字本是良，加米便是粮，除却粮边米，加女便是娘。俗话说，卖田不卖粮，嫁女不嫁娘。"

众人听罢，纷纷打趣道："你已儿女成行，该嫁女儿了，为你干杯！"

说罢，这些年已半百的昔日同窗，纷纷举杯，一饮而尽。

射箭或发弹丸的弓

gōng
弓

甲骨文

金文

小篆

弓
隶书

弓
楷书

甲骨文的“弓”字是个象形字，字形就像一把射箭的弓的样子，左边是有点儿弯的弓背，右边是弓弦。金文的字形由甲骨文演变而来，略有不同的是弓弦有些松驰的样子。小篆的字形使其整齐化；楷书的字形由小篆变来，隶变后写作“弓”。

“弓”字的本义为“射箭或发弹丸的工具”。如用弹力发射弹丸的弓称“弹弓”；古代一种用机械力量发射的弓称“弩弓”；拉起来费力大的弓称“强弓”，也称“硬弓”；还有弯弓、弓弦、弓形等词。

“弓”字由本义引申指“像弓的工具”，如：形状或作用与弓相似的东西称“弓子”；旧时代缠足妇女的脚被缠得弯曲变形成弓形，所以称“弓足”，穿的鞋称“弓鞋”；弹绵花的弓也称“弓子”。

“弓”字又引申指“丈量土地的工具”，这种工具略像弓，用木头制成，叫“步弓”。由此“弓”字也是丈量土地的计算单位，一弓等于五尺。

“弓”字还引申指“弯曲”，如弓着腰、弓背。

“弓”字也作姓氏用。

谈婚论嫁测“弓”字

清朝初年，江苏江阴有位测字名家叫程省。据说他在少年时期碰到一位善测字的高手。程省拜他为师，跟随他漂泊江湖，学习测字之术，终于成为测字大家。

却说有一日，顾山镇有姑嫂二人进城，找程省测字。小姑子姓张，是个爽快人，她一屁股坐下，将两条长辫子甩到胸前，拿起桌上的纸和笔，歪歪扭扭地写了个“弓”字说：“本姑娘姓张，只会写这半边字。今朝阿嫂陪我来是测测我的婚姻大事。”

程省笑道：“你写的‘弓’字，再加上两条辫子便是‘弗’字。我们江阴无锡都把‘不’说成‘弗’，‘弗’就是不好，不成啊。”

张姑娘追问道：“为啥要加两条辫子呢？”

程省说：“你一进门就甩动两条辫子，写字说话都摸着两条辫子，喏，你现在还在摸呢。”

站在一旁的嫂嫂沉不住气了。她正想将小姑许配给自己的弟弟呢，程省这么一说，不是坏了她的好事吗？她气呼呼地说：“我也用‘弓’字来问婚姻。我嫁的丈夫如何？”

程省摇摇头：“说来你别生气，我看不好。你是存心来问的，有心来问便是‘弗’字加个竖心旁的‘怫’。这‘怫’字就是不开心，很生气，可见你们夫妻俩常吵架。”嫂嫂没解释，追问道：“我又没梳两条辫子，凭什么‘弓’字上也加两条辫子呢？”

程省心中有底了，解释道：“你是接着她的‘弓’字来测的。当时她正在摆动两条辫子呢。”

嫂嫂听罢，不着声了，丢下几个铜元，拉着小姑子走了。

程省不愧是个测字高手。他借张姑娘两条辫子，将“弓”字偷换成“弗”字。也许他从两人的行为举止，已看出她们的性情脾气，这才做出那样的判断吧？要晓得，一般的测字高手，都是心理学专家啊。

与私相背为公

gōng

公

甲骨文

金 文

小 篆

公
隶 书

公
楷 书

甲骨文和小篆的“公”字，字形相似，是个会意字，由“八”和“厶”组成。“八”为古代的“北”字，有相背的意思，又因为“厶”为古字“私”字，合起来就是“背私”，与“私”相对立就是“公”。其本义指“属集体的、大家的”，如公产、公房、公费、归公、公而忘私。

也有人认为，“八”字的一撇一捺向两边分开，有分的意思，而“厶”，是指蚕丝。两形相合，表示古代部落的人，在公平地分配蚕丝或丝织品。本义指“公平、平等”，如公平、秉公办事。

两种说法，在现今的“公”字中都得到充分的体现。由本义引申为“属于国家或集体的事”，如公安、公案、公民、公文、公证。

既是国家的，又引申为“共同的，大家认可的”，如公德、公敌、公法、公害、公举、公路、公墓、公园、公约等。由此又引申为“让大家知道”，如公布、公报、公开、公审、公告。再引申为“公正合理”，如公道、公理、公心、公平、公正。

“公”，假借为“雄性的”，如公畜、公鸡、公牛、公羊、公猪。又假借“对老年男子的尊称”，如艄公、叔公、太公、外公。还假借指“丈夫的父亲”，如公公、公婆。

“公”，也指公制的计量单位，如一公尺、一公分、一公里。

“公”，是我国古代五等爵位（公、侯、伯、子、男）的第一等。

君主的子女称公子、公主，后也尊称别人的儿子为公子。

蒋琬梦牛——公

《三国演义》里有个人叫蒋琬，零陵湘乡人，曾在刘备手下当过小官。刘备入蜀后他被任命为广都县令。因为他成天喝酒，不问政事，刘备气得要杀他，多亏诸葛亮求情，留了他一命。

蒋琬被撤职后，闷闷不乐。这天他做了个梦，梦见一头牛站在他面前，头上鲜血直淌，蒋琬被这噩梦惊醒了。

起床后，蒋琬找来善于解梦的赵直，请他来分析是祸还是福。

赵直听罢，解释道："夫见血者，事分明也。牛角及鼻，'公'字之象，君位必将至公，此乃大吉之征也。"这句话的意思是，见到血，表明意思非常清楚、明白。牛角和鼻子，像"公"字的字形，这预示着蒋琬能得到三公的位置。

事实上，诸葛亮是一直看重蒋琬的，认为他是个有能力的人，不久，蒋琬又被任命为什邡县令。后来，刘备当汉中王时，他又入王府任尚书郎。诸葛亮任丞相时，他被任命为丞相府长史。诸葛亮几次北伐，蒋琬负责后勤保障，粮草兵员，供应充足，诸葛亮常常夸奖他。

刘备死后，诸葛亮曾秘密上表后主刘禅，说待他死后，可由蒋琬担当他的职务。

诸葛亮去世后，蒋琬担任尚书令，不久，刘禅又加封他为大司马，果然他位至三公，正如当初赵直解梦时所说。

蒋琬确有其人，位在三公，也确有其事，但是否做过这样的梦呢？不得而知。但我们把"八"字当成牛的两只角，"厶"字当作牛鼻子，不活脱脱一个"公"字么？这也很有趣。

gōng

功

努力工作劳动——功

小篆的“功”字是个左右结构的会意兼形声字。

先说形声。“功”字的左边是“工”，表示读音；右边是“力”，表明与出力气劳动有关。由此可见，“功”的本义是工作，生产和劳动是干出力气的事。看来，古人当时只看重体力劳动，还没有把脑力劳动计算在内。

“功”字左边的“工”字，在甲骨文中是个象形字，属于劳动工具一类的东西，引申指“工人、手工劳动者”。用在这儿也是这个意思。再加上右边的“力”字，就表示手工劳动者正在出力气干活。它的本义也是指“工作和生产劳动”。

生产劳动会创造出成果，所以“功”引申出“业绩”的意思，如功劳、功勋、功业、功臣。

有了业绩，表明这就是成就，这就是效果，如成功、大功告成、事半功倍、功败垂成。

劳动时要出力气，要勤奋努力，这就是用功、下苦功等词的来源。

下了苦功，掌握更多的本领，这就是功夫、基本功、唱功、功底等词的来源。

金文

小篆

功
隶书

功
楷书

唐·欧阳询《九成宫醴泉铭》

木简

唐·颜真卿《裴将军诗》

工作加努力才能成功

关于“功”字，有一则“工作加努力才能成功”的文字故事。

美国有位著名的企业家卡罗尔，他在中国工作了一段时间，特地请一位书法大师为他写了一个大大的“功”字，挂在办公室里，并说要带回美国。

许多人不理解，说中国有那么多字，为什么偏偏写这个“功”字呢？

卡罗尔回答道：“中国人最会说文解字，这几年，我也跟着学了一点儿。我最感兴趣的是成功的‘功’字。这‘功’的一边是工，另一边是力，我想你们祖先造这个字意思就是，想要成功，必须得工作加努力，这正是我所信奉的。我把这个字带回去，要挂在我的办公大楼门口，让每个员工天天看到它。我要让他们记住，只有加倍努力，才能成功这个道理。”

大家听了，无不点头称是。

汉砖欣赏

人居住的地方——宫

gōng

宫

甲骨文

金文

小篆

宫

隶书

宫

楷书

小篆的“宫”字是个上下结构的形声字兼会意字。上面的宝盖头作形符，表示跟房屋或人居住的地方有关；下面的“吕”字是“躳”字简省的写法，这个字读“gōng”，作声符并会意。

“宝盖头”跟“躳”字组合，指“人居住的地方”。因为宝盖头有房屋之义，人居住的“家”就是“宝盖头”，这一字形就像一间房子。正因宝盖头有房子之义，所以古人用它作“宫”字的形符。

古人为什么用“躳”字作“宫”字的声符呢?

小篆的“躳”字指人的身体，两个“口”字像人的脊柱形，异体字从身从弓，表示身子弯曲，隶变后的楷书写作“躳”和“躬”，后来“躳”字被淘汰，如今规范化用“躬”。“躬”和“躳”的本义都是指“身体”。“宫”是指“人的住所”，也就是人身体所在的地方，所以古人用“躳”字简省的“吕”字作“宫”字的声符并会意，以突出人身体所在的地方。

楷书的字形由小篆演变而来，写作“宫”。

“宫”字的本义指“住宅、房屋”，后来专指帝王的住所和相关的人或事物，如宫殿、宫廷、宫室、内宫、宫灯、宫女、宫娥、皇宫、王宫、冷宫、逼宫、宫室、宫刑、离宫、行宫、故宫等。

“宫”字由本义引申指“庙宇或神话中神仙的住所”，如龙宫、月宫、天宫、迷宫、梵（fán）宫等。又引申指“一些文化娱乐场所的名称”，如文化宫、少年宫、游艺宫。

“宫”字是古代五音之一。

“宫”字也作姓氏用。

“宫室”与“吕至”

明朝嘉靖年间，安徽绩溪有位举子名叫李显文，殿试时考中进士，后在京城任职，官至内阁大学士，这李学士是个大孝子。这年他回乡探望老母，老母向他诉说道：“儿呀，人人都说皇宫胜似仙境，为娘却从没见过啊。”

李学士听了，不由心酸。母亲年老，不能再出远门，如何能圆老母夙愿呢？他突发奇想，何不按皇宫结构造一个小型宫室呢？家里住房已旧，趁翻修房屋时实施此计划，也不难。

李学士回到京城后，按皇室结构，画了张图纸，派人送回家乡，找来一位熟悉的建筑师，让他照此翻修房屋。

这建筑师一看图纸，不由吓出一身冷汗。这让他十分为难，若是回绝，要得罪大学士；若是照此图纸建造吧，便是私造宫殿，有谋反灭族之罪。他思之再三，在图纸上写了“姜太公到此”五个大字，密封后让李家来人速速赶回京城，亲手交还李学士，说图中有不妥之处，望他斟酌。

李府家人赶回京城，将图纸交还李学士。李学士一看“姜太公到此”五字，略一沉思，连连跺脚，又拍打脑门，说自己怎如此大意，差点犯杀身大过。你道咋的？原来这李学士是个猜谜高手，他已看出，建筑师所写“姜太公到此”是个要用摘顶格破解的字谜。这摘顶格谜语，限定谜底字数须在两个字以上，且要部首相同，将这些部首摘去后便能扣合谜面。此谜的谜面是“姜太公到此”，众所周知，姜太公生“吕”，名叫“尚”，又称“吕尚”。“姜太公到此”就是“吕至”。将“吕至”二字各加一个宝盖头便是“宫室”，而“宫室”是指皇宫建筑，而这是不能仿造的，私造宫室属大逆不道，有灭族之祸，你想这还得了？

建筑师借此谜语暗示了李学士，李学士心领神会。当即烧了图纸，包了一锭银子，又让家人速速赶回，送给建筑师，以表谢意。

gōng

恭

甲骨文

金文

小篆

恭

隶书

恭

楷书

对人尊重恭敬

古代的“恭”字，是个上下结构的形声字兼会意字。下面的“心”字是形符，表示跟人的心理活动有关，这个“心”字的字形像竖起来的样子；上面的“共”字是声符，读“gōng”。两形合一，指“有礼貌，对长辈或客人敬重”。

敬重他人，必须诚心诚意，而非虚情假意，所以“恭”字以“心”字为形符。

古人为什么用“共”字作“恭”字的声符呢？因为“共”有“公共”“许多人共事”的意思，而许多人相处在一起，每个人就必须约束自己，这样才能做到尊重别人。所以“恭”字以“共”字作声符并会意。

“恭”字的本义指“有礼貌，对长辈或客人敬重”，也可说在外形上严肃、肃敬，对人谦让宽和。

有人认为，“恭”字的本义指“大家共同恭敬”，这恐怕有点勉强。

还有人认为“恭”字中的“共”指“公共”，“心”指“对公共的谦卑与敬重”，因心敬而谦恭，所以“恭”字的本义，还是体现在对长者和客人的敬重上。

人们把恭敬谨慎称为“恭谨”，把对长者或宾客尊重而有礼貌称为“恭敬”，壬辰年恭恭敬敬地听称为“洗耳恭听”。

“恭”字被假借指“排泄大小便”，如恭桶、出恭。

“恭”字也作姓氏用。

黄头小人来作乱——恭

晋朝又分为西晋和东晋。东晋建都建康，就是今日的南京。这段时期的历史，非常复杂，不是一两句话说得清楚的。我们今天单说东晋王恭大将的一段小故事。

东晋孝武帝死后，大权落到他弟弟司马道子手中。司马道子任用王国宝这类奸恶小人，乱了朝政，引起镇守在京口，也就是今日镇江的大将军王恭的不满。于是王恭暗地里联合驻守在江陵的殷仲堪共同起兵，讨伐王国宝，并写信给司马道子，扬言不日大军即将进京，扫除奸佞。司马道子为了保全自己，将王国宝斩首示众，请王恭撤军回京口。

过了一年，司马道子自以为力量强大，要清除王恭的势力。王恭闻讯，再次联合殷仲堪，相约起兵杀往建康。王恭的部将刘宇之劝道："背叛朝廷之事，不可一再而行。"王恭不听，联合三路人马，向建康进攻。岂料，刘宇之不愿见到自相残杀的局面再发展下去，他在征途中倒戈，将王恭活捉，押往建康。后来王恭被斩，刘宇之代王恭驻守京口，各路叛军纷纷败退，东晋王朝躲过了一场危机，但离灭亡也为时不远了。

说起这段历史，其中有段故事。就在王恭准备发兵攻打建康时，京口街市流传一首童谣：

洪水刚退心底安，黄头小人来作乱。

三横一竖要称王，挥起金刀将头砍。

不必细说，诸位也看得出，第一句指的是"恭"字，第二句指的是"恭"字，第三句指的是"王"字，第四句指的是繁体的"劉"字。这首儿歌暗示，王恭谋反，将被刘宇之所杀。此童谣如若事前就有，那就是有人借此造舆论；如若事后才有，就属后人编造的文字游戏了。

野牛角做的酒杯——觥

gōng

觥

古代的“觥”字是个左右结构的形声字。左边的“角”字作形符，表示跟兽类的角有关；右边是“光”字，读“guāng”，作声符，也有以“黄”字作声符的。“角”字与“光”字组合，表示用野牛角制作的酒器。因是指用野牛角制作的酒器，这跟“角”字有关，所以古人用“角”字作“觥”字的形符。

隶变后的楷书写作“觥”。

“觥”字的本义指“用野牛角做的酒器”，后泛指酒器。常用的成语“觥筹交错”，指的是“觥”这种酒杯和行酒令用的筹码交互错杂，形容在酒席宴上，人们相聚畅饮，十分热闹欢乐。

觵
小篆

觥
隶书

觥
楷书

“觥”和“觥筹交错”

“觥”字是指古代用兽角等制作的一种酒器，如今日的酒杯。这种杯子现已不多见。这个“觥”字也很少用到，只有在成语“觥筹交错”中才能看到它。

说到“觥筹交错”这一成语，有段历史故事。

距今九百多年的北宋年间，有位文学家名叫欧阳修，他自号“醉翁”，庐陵人，即今日江西吉安人。他于宋仁宗天圣八年考中进士，晚年官至枢密副使和参知政事。在北宋的文学革新运动中做出了卓越的贡献，成为北宋文坛领袖。

欧阳修曾在滁州任太守。当时滁州州署设在今日安徽滁县。在滁县县城西南有座风景秀丽的琅琊山。山中有个泉名叫“酿泉”。泉旁有座亭子，据传说是山里一位名叫智仙的和尚修建的。欧阳修给这座亭子取名为“醉翁亭”。为何取名为“醉翁亭”？他在著名的散文《醉翁亭记》中解释道：“……太守与客来饮于此，饮少辄醉，而年又最高，故自号曰醉翁也。”

在《醉翁亭记》中，他详尽地描写了与宾客们游宴的欢乐情景：“宴酣之乐，非丝非竹，射者中，弈者胜，觥筹交错，起坐而喧哗者，众宾欢也。”这里写出了宴饮酣畅尽兴的乐趣，这种乐趣不在于音乐，而在于投壶的投中了，下棋的下赢了。胜者斟酒给负者喝，只见酒杯与筹码杂乱交错，人们时起时坐，大声喧闹，一个个真是欢乐极了，坐在人群中苍颜白发的老者，便是喝醉了的太守……

这里写到的“觥筹交错”，就是指客人们高举酒杯，划拳行令，大家玩得非常热闹，十分开心。这里的“觥”，指牛角酒杯；“筹”，指酒筹，是喝酒行令时的酒牌之类的玩具。后人将“觥筹交错”作为成语，凡描写酒席宴上酣醉如狂的情景，都用它来概括形容。

gòng

共

甲骨文

金文

小篆

共

隶书

共

楷书

两手同捧一物——共

甲骨文的“共”字是个会意字，字形像一人双手捧一物器，这物器是方形的。金文大致相同。小篆所捧之物稍有变化。

为什么用双手共同捧一物？可能此物很重，也可能此物很重要。按常理分析，此物可能是祭器，古人在行祭拜之礼，安放供品，所以有学者认为，“共”字是“供”字的本字，是最早的“供”字。

两手共捧一物与两手作揖，这两个动作基本相同，所以“共”字又指两手相拱，表示致敬。“共”字字义不断扩大，古人为分散字义，就在“共”字左边加“单人旁”表“供奉”之义，加“提手旁”表示两手上举或肢体弯曲形成弧形，如从人群中“拱”出去，猪用嘴“拱”地等。拱手施礼表示心存敬意，就加“心”字写作“恭”，表示恭恭敬敬，所以“恭”字上面是“共”字，下面是“心”字。不能写成“小”字，右边是两点，加左边一点成“心”。

这样一分化，剩下“共”字就专门用来表示“共同”。

楷书的字形由小篆演变而来，写作“共”。

“共”字的本义指“共同”，如大家都具有的、属于所有人的称“共同”，共同具有的性质称“共性”，属于社会的，公众共有的称“公共”，共同养活称“共养”。

“共”字由本义引申指“在一起、一齐”，如共居、共聚、共事、共生、共栖、共振等词。由上义引申指“总计”，如共计、共总、总共、拢共、一共等词。

“共”字也指“共产党的简称”，如中共党员。

与人“共”处和同舟共济

民国年间，南京夫子庙文德桥头测字大师胡铁嘴有个远房亲戚姓共。二十多年前，颇为富裕的共家生了个小男孩，爷爷请胡大爷为这宝贝孙子起名字，胡铁嘴再三斟酌，说：“就叫济生吧。共济共生，求平安结善缘嘛。”

日月如梭，一眨眼二十多年过去，共济生已长大成人，看上去一表人才，其实徒有其表，一事无成。这天，他路过夫子庙，顺便来拜访胡大爷，倒倒苦水。

胡铁嘴给他让座倒茶问：“今年多大了？”说着沾茶水在桌上写了个“共”字。

共济生糊里糊涂地说：“二十六七了吧？”

胡铁嘴笑道：“你忘了，我还记得哩。你看这‘共’字，是二十六不足，二十八有余。当年你的名字还是我起的呢。”

共济生说：“大爷，我不是来测字的。你就把‘共’字测得再准，我的命也就这样了。”

胡铁嘴正色道：“年纪轻轻，怎说这等泄气话呢？我看你就是没把握你祖姓的字理，没学会做人，所以才落得今日这般困境。”

共济生不解地问：“我错在哪儿呢？”

胡铁嘴说道：“对你的为人，我有所耳闻。我当年给你起名为共济生，是希望你长大能与人共济共生。人生在世，要广交朋友，要学会与人共处。‘共’字加单人旁为‘供’，与人相处，要懂得供奉他人，不要老是想占他人便宜。要晓得，‘共’旁加水便是‘洪’，洪水无情人有情，只有同舟共济才有人来与你为伴，与你共处。你呢，总是翻开两眼斜看你身旁的人，把你周围的人都看扁了，把人家都当作呆子骗子，与人相处，你得利就拱手走人，无利可图就挥手告别，把与你共事的人都吓走了。‘共’字加‘火’为‘烘’。有火取暖，人心才暖，用南京话说，朋友多了才热烘。你这祖姓，不管是加单人旁、火字旁、提手旁，还是三点水，都有做人的道理啊，你回去好好想想吧……”

田间交错的水渠——沟

金文

小篆

溝
隶书

沟
楷书

小篆的“沟”字原先写作“溝”，这是个左右结构的形声字兼会意字。左边的“三点水”指“水”，作形符，表示跟“水”有关；“溝”字右边的“冓”字读“gòu”，作声符并会意。“水”与“冓”字组合，指农田里纵横交错的水渠。因是指田里的水渠，这跟水有关，所以古人用“水”字作“沟”字的形符。

古人为什么用“冓”字作“沟”字的声符呢？

古代的“冓”字，说来很复杂，其中有一条是“架积木材，建筑宫殿”之意。从字形上看，像用木料搭成的屋架，木与木之间纵横交错，所以它又有“构造、结构、构成”之意。屋架纵横交错，田地里的水渠也是纵横交错，所以古人用“冓”字作“沟”字的声符并会意。

楷书的字形由小篆演变而来，写作“溝”，现简化为“沟”。“勾”字有弯曲之意，田里的沟渠大都弯曲，所以简化字用“勾”字作声符并会意。

沟字的本义指“小水道”，如供灌溉或排水而挖的水道称“沟渠”，使彼此相通称“沟通”，沟渠的两岸称“沟沿”，沟也称“沟子”，地下排水沟称“暗沟”。“沟”字由本义引申指“类似沟的”。如山沟或坑谷称“沟壑（hè）”；深度超过6000米的狭长的海底凹地称“海沟”；山谷、山涧称“山沟”，也指偏僻的山区；“鸿沟”指古代一运河，在今河南境内，楚汉相争时是两军对峙时的分界线，现泛指明显的分界线。

“代沟”和“沟通”

严先生当过教师、做过编辑，也算个文化人。他对“代沟”“沟通”这两个词感慨良多。

严先生退休后，常应邀到学校做阅读讲座。儿女们不屑地说：“先给家里的孙子外孙讲讲吧。”

说得也对。外孙小学三年级，人很聪明，但不爱学习，遑论阅读了。于是，严先生带着自己新出版的幼儿故事，与代沟很深的外孙沟通。

外孙双手托着下巴，盯着外公，一声不吭。严先生笑脸相问：“你希望外公给你讲什么？”外孙冷冷地吐出五个字：“希望你闭嘴！”

严先生差点气昏过去。

严先生转而与上初三的孙子沟通，还没开口，他连连摇手：“爷爷，我忙，我没空！”严先生只好“闭嘴”，深感代沟之深深如海，沟通之难难于上青天。他竟怀疑自己：从前是否当过教师？

想到此，严先生回忆起当年当少年杂志编辑，开辟“心灵家园”这一栏目的事。有一年，他接到安徽固镇一位小学六年级女孩的信。她是躲在草垛里写这封信的，准备买老鼠药与她的后娘同归于尽。严先生吓得不轻，但无能为力。她没留地址，且读到这封信时，已过去一个多月了。严先生请教了北京一位心理学专家，他说这是“不利前言”伤害了女孩的心灵。自古以来总是把后娘说成是凶恶的。孩子的心灵受到这种根深蒂固的舆论的影响，“先入为主”，以至于与再好的后娘也难沟通。

为此，严先生策划了大型图书《青少年心理健康手册》，想借此与青少年作心灵沟通。策划提纲详尽务实，可惜被束之高阁。壮志未酬，严先生常引以为憾，因为那是跨越代沟沟通的好途径。

海阔天空，怎及人心天马行空！一道代沟，岂是你一跃而过的！心灵沟通，岂是你想沟通就能沟通的！教育不是万能的，它要历经磨难，刻骨铭心，方能识得愁滋味。人的成长大体如此，概莫能外。

gōu
缑

金文

小篆

緱
隶书

缑
楷书

刀柄上缠绕的绳——缑

古代的“缑”字，是个左右结构的形声兼会意字。左边的“绞丝旁”是形符，表明这个字与绳索或丝织物有关；右边的“侯”字是声符，其本意指刀或剑之类的兵器把柄上缠绕的绳子。

古人为什么用“侯”字作声符？因为古代的“侯”字是个会意字，本义指射箭的靶子，这些都与兵器有关，属军用物资之类。而刀或剑把柄上的绳索也在军用品之列，所以“缑”以“侯”作声符兼会意。

“缑”字作为书面语，指刀剑兵器柄上所缠绕的绳。

“缑”字，在古代作地名用。

现在的“缑”字，主要作姓氏用。这是稀姓，读“gōu”，切不可读“hòu”。

汉砖欣赏

一条绳上拴俩侯——缑

我国主要姓氏已有4000多年的历史了。中国姓氏究竟有多少？北宋的《百家姓》收有1968个姓。

据统计，见于历史文献的姓有6363个。《现代汉语词典》只收录现代汉族姓氏930多个。目前我国姓氏大约有3000个。

有许多姓氏是很少见的，连“油”“盐”“酱”“醋”也是姓氏呢。这儿说的“缑”姓，也很少见。说来还有段有趣的故事呢。

著名的相声艺术大师侯宝林先生，生前曾带着一群弟子，到旅顺海军基地慰问演出。演出结束后，驻军司令设宴招待侯先生及弟子们。

席间，驻军司令向侯先生敬酒。侯先生问:“首长尊姓？”

缑司令用食指蘸酒，在饭桌上写了个“缑”字。

侯先生一看，哈哈地笑着说：“哈，原来和我是一家呀。”

这可把缑司令闹糊涂了，连忙说：“侯先生，我姓缑，跟汤沟酒的沟字同音。您老先生姓侯，这两个字不一样，读音不相同，我俩怎么是一家人呀？”

侯先生听罢，也用食指蘸了点酒，在饭桌上一边写，一边说：“我姓侯，你这边也是侯，中间呢，是个绞丝旁，这就像一条绳子把咱俩连在一起了，这叫一条绳子上拴两个侯，谁也离不开谁，这不是一家人吗？”

缑司令恍然大悟，连声说：“对，咱们是一家人。来，干杯！”说罢，大家高举酒杯，一饮而尽。

在场的人，无不赞叹侯先生杰出的艺术才华和深厚的文字功底。

一种草的名称——苟

gǒu
苟

甲骨文

金 文

小 篆

苟
隶 书

苟
楷 书

古代的“苟”字是个上下结构的形声字兼会意字。它的上面是草字头，说明与花草有关；下面的“句”字作声符，读“gōu”；这两个字形组合在一起，指一种草的名称。因是指草的名称，所以“苟”以草字头作形符。

古人为什么用“句”作“苟”字的声符呢？这恐怕跟这草的名称有关。传说人们吃的谷子种是狗给人类带来的，名叫“狗尾巴穗”，所以狗具有与人同吃饭的地位。后来，狗死了，人们把它埋了，不久在它的坟上长出了一种野草，仍然翘着狗的尾巴，此草名为“狗尾巴草”。因“句”与“狗”同音，古代的“句”也指“狗”，所以古人以“句”作“苟”字的声符，说明此草为“狗尾巴草”。

楷书的字形由小篆演变而来，隶变后写作“苟”。

“苟”字的本义指一种草的名称，但此义很少用到，主要借用指“随意、马虎”。如只顾眼前，得过且过称“苟且”；随便地同意称“苟同”。“苟且偷安”“一丝不苟”的“苟”都是这意思。

“苟”字由上义引申指“不正当”，如苟且图生存称“苟活”。“蝇营狗苟”指像苍蝇那样钻营，像狗那样苟且偷生，比喻品行卑劣，做事不择手段。

“苟”字又假借指“暂且”。如只顾眼前，暂且偷安称“苟安”；苟且保住性命称“苟全”。“苟”字假借指“如果、假如”，如苟非其人。苟无民，何以有君？

“苟”字也作姓氏用。

“毋苟得”和“毋狗得”

在《礼记·典礼》篇中有句名言：“临财毋苟得，临难毋苟免。”大意是：面临财物，不能非法窃为己有；面临危难不能只顾自逃脱。

却说清朝乾隆年间，山东潍县南门外有所私塾，教书的白先生是个假秀才，常写错字读错字，人们背后称他“白字先生”。

一天，在潍县任知县的郑板桥，正巧路过私塾门口，只听学生们在大声读着“临财母狗得，临难母狗免”。他一听，知道这是《礼记·曲礼》中的名句，塾师教学童们读错字了。

他走进私塾，找到白先生，向他指出错误所在，劝他辞职，以免误人子弟。白先生怕丢了饭碗，不能养家糊口，便苦苦哀求，让他留在私塾，边教边学，将功补过。郑板桥听了，也表示同情，但他提出个条件说：“我出句上联，你若能对出下联，就继续教书；若对不出，你回家苦读几年，等对出下联，再来教书。”说罢读出上联：

曲礼一篇无母狗

白先生对不出下联，只好辞职。他辞职后，发奋读书，学业突飞猛进，后来终于对出下联：

春秋三传有公羊

孔子所著的《春秋》一书中有三传：《春秋左氏传》《春秋谷梁传》《春秋公羊传》。由此看来，白先生这下联对得是非常工整的。

另外还有个笑话故事。一位塾师跟白先生一样，也曾把“毋苟”读成“母狗”。他死后请阎王将他变成母狗打发回人间。阎王不解，问其原因，他振振有词：“《礼记·曲礼》上说，‘临财母狗得，临难母狗免’，若能这样，谁不愿做母狗啊。”

灵敏机警的动物——狗

gǒu
狗

狗
金文

狗
小篆

狗
隶书

狗
楷书

从古至今，“犬”与“狗”是同一个意思，两字并用。甲骨文的“犬”字是象形字，字形像一条大狗。难怪孔子看到“犬”字时赞叹道：“视犬之字如画狗也。”

古代的“狗”字是个左右结构的形声字。左边的“反犬旁”作形符，表示与狗有关；右边的“句”字作声符，读“gōu”。这两个字形组合在一起，指一种听觉、嗅觉特别灵敏，行动机警的哺乳动物，也叫“犬”。

“狗”字与“犬”字的区别在于，古时候，大的称犬，小的狗崽子称狗。“狗”字作口语用，“犬”字作书面语用，“犬”字与“狗”字并存。但在现代汉语中，除了一些流传下来的词语仍用“犬”外，其他基本上都被“狗”字所取代了。

“狗”字的本义就是指“一种嗅觉、听觉灵敏的家畜”，也叫“犬”，如狗窝、狗头、狗命、狗咬、豺狗、海狗、狼狗、猎狗、天狗、野狗、狗屁、落水狗、狗急跳墙。

“狗”字由本义比喻“帮助别人作恶的人”，如走狗、狗腿子、狗头军师、狐朋狗党、狗仗人势、狗胆包天。

千里回家的大黑狗

无锡梁溪谜语研究会的同仁们，这天谈到了“犬”字与“狗”字的异同。大家惊叹，这两个字并存至今，相安无事，实属奇事。会长马汉文说，他偏爱用“狗”字，他对“狗”字及狗本身有独到见解，甚至有点儿愤愤不平。他摆事实讲道理，说了一个狗的故事：

“儿时我在苏北养过一条大黑狗，虽说是野狗，但有王子气质。它四腿修长，毛色乌黑闪亮。它跟我形影不离，即便我上学，它也送我一程，然后就守在路口，等我放学。我一个口令，一个眼神它就心领神会。我说它不是狗，它是个狗模样的人，它已融入我的生活里。

“我的三姑父有条大船，经常为我父亲运货。船常停在我家码头，有时让大黑狗趴在船头看守。有天大黑狗不见了。我抱着狗食盆在地上滚了又滚，哭得一口气噎住，差点送命。我大病一场，吓得父亲从无锡赶回来。据说狗是被我家三姑爷带走的，为的是帮着看船，但在南通装货时丢失了。

“年底，一场大雪，纷纷扬扬下了一天一夜。第二天，当母亲踏雪推院子门时，怎么也推不开，好像有东西挡着。院外有人来帮忙，发现门外凸出一个雪堆，用铲子铲起，抖掉积雪一看，是条冻得像块石头、瘦得皮包骨头的大黑狗。母亲不敢声张，把它当野狗悄悄埋了。这事儿，是五十年后她才告诉我的。我也疑惑，这难道是我心爱的大黑狗吗？它能顶风冒雪，历经千里回到我身边吗？这是个谜。

“世上有无数狗忠于主人的故事，可人们总是把最肮脏的字眼加在狗身上，这多么不公啊。在汉字“狗”字中，人们把声符“句”字，都解释为狗的叫声，或者解释为狗本性惯于“苟且偷生”，所以才用作声符并会意。

“狗的本性能定性为“苟且偷生”吗？一个苟且偷生、马虎从事的生灵，有那种执着的追求吗？能那样忠于职守、忠于主人吗？我们能不能换个思维，换个词汇，把“狗”字中的“句”字解释为“一丝不苟”呢？只有认真踏实、一丝不苟的生灵，才有那种一往无前、坚忍不拔的意志，千里迢迢去寻找它理想的天地啊。”

gòu

诟

金文

小篆

詬

隶书

诟

楷书

被言语所羞辱——诟

小篆的“诟”字是个左右结构的形声字兼会意字。左边的“言字旁”作形符，表示跟言语有关；右边的“后”字是“垢”字简省的写法，读作“hòu”。“言”字与“垢”字组合，指被别人的言语所羞辱。因是指“被别人的言语所羞辱”，跟人的言语说话有关，所以古人用“言”字作“诟”字的形符。

古人为什么用“垢”字作“诟”字的声符呢？

小篆的“垢”字是个左右结构的形声字兼会意字，“后”字作声符，“土”字作形符。“后”字有“后来”之义，“土”字指“尘土”。风动而尘土飞扬，尘土落下来就是“垢”，本义指“肮脏的尘土”，后引申指“耻辱”。

“诟”字指被言语所羞辱，也有“耻辱”之义，所以古人用“垢”字作“诟”字的声符，简省写作“后”。

楷书的字形由小篆演变而来写作“詬”，后简化为“诟”。

“诟”字的本义指“耻辱”，如“含诟忍辱”，指忍受耻辱，也作“含垢忍辱”。“诟病”一词，作书面语表示“指责”，如为世人所诟病。“诟骂”，作书面语指“辱骂”。

“诟”和“诟如不闻”

距今九百多年的北宋时期，有位大臣名叫富弼（bì），河南人，即今日河南洛阳人。他曾与文彦博同时任宰相，为国家做了不少好事。当时的宋仁宗让写，《岳阳楼记》的范仲淹主管西夏的事务，让富弼主管东北辽河一带少数民族契丹的事务。

宋朝有位文人名叫陈长方，他写了本《步里客谈》，书中记载了不少有关富弼的事。

据说富弼少年时代勤奋好学，不多言语。到成人后，待人谦和有礼，从不与人争吵。这人气量很大，有时遇到不讲理的人骂他，他好像没听见似的。旁边有人提醒他，说有人在骂你呐。他毫不在意，反而说：“他怎么会骂我呢？恐怕骂的是别人吧？”人家很认真地说：“他是指名道姓地骂你啊。”富弼竟然装糊涂地说：“怎么可能骂我呢？天下同名同姓的人多着哪！”

书中把富弼这番言行称为“诟如不闻”，诟，就是辱骂。被人辱骂了却如同没听见一样，古人把这种宽宏大度作为一种美德。

从常理说，受人侮辱谩骂是应该给予回击的，至少要问明原因给予解释或是讨回公道，否则便是唾面自干，有丧尊严了。可见，“诟如不闻”，也未必是一种正确的态度。

真实的富弼在小事上可能是息事宁人，不与小人为敌。在大是大非的问题上，他是很有原则的。

宋仁宗时，东北的契丹兴兵南侵，要求割让领土。富弼奉仁宗之命，前去谈判。在谈判中，他坚持原则，毫不让步，且态度十分强硬。这位以“宽宏大量”闻名的富弼，当场斥责契丹首领的无理要求，并讲清要么决战要么和好的利害关系，吓得契丹王只好撤兵。

后人将“诟如不闻”作成语使用。还有一句“诟谇（suì）谣诼（zhuó）”，诟，指辱骂；谇，指斥责；“谣诼”指造谣污蔑。这个词表示辱骂斥责，造谣诽谤，形容相互勾心斗角，搞得乌烟瘴气。

丧失父母的孩子——孤儿

gū
孤

金文

小篆

隶书

楷书

小篆的“孤”字是个形声字。“孤”字的左边是“子”，“子”即孩子，说明这个字跟孩子、婴幼儿有关；右边的“瓜”，是这个字的读音。“孤”的本义就是指“幼年丧父或父母双亡的孩子”。

古人之所以用“瓜”作音符，是因为“瓜”与“呱”同音，且“瓜”是“呱”的简写，本是同一个字。后来为了表示婴儿哭声，才在“瓜”字旁边加一个“口”字，造了个表哭声的“呱”。没有父母的孩子，更是常常啼哭，所以“孤”用“瓜”作声符，并会意。

丧失父母的孩子，独自一人，所以“孤”又有单独、孤单的意思，如孤岛、孤掌难鸣、孤军、孤立。

“孤”，表示只剩一个，所以古代封建王侯自称为“孤”。现在人们把脱离群体的人称为孤家寡人。

人们把一些仅剩一本的图书称为孤本。

北魏·郑道昭《郑文公下碑》

唐·怀素《自叙帖》

《淳化阁帖》

瓜子合起为“孤”字

关于“孤”字，有一则“瓜子合起为孤字”的故事。

宋朝年间，洛阳有个穷汉，名叫李田。李田和父亲两人相依为命，不料父亲患了重病，没钱医治，只好请个算命先生到家来测测，看看能否化险为夷。

算命的见李田家徒四壁，穷得叮当响，猜测他可能付不起占卜费，便让他先把银子拿出来再说。李田哪里有钱呢？想了半天，从柜橱里拿出一袋瓜子，想以它来代替占卜费。

算命先生一见，当下脸儿一沉，抬腿就朝门外走去，边走边说：“你父亲离死不远了，你就等着给他办后事吧。”

李田很不高兴，拉着他，要他把话说清楚再走。算命先生一指桌上的瓜子，冷笑着说：“‘瓜子’两字合起来是个‘孤’字，你拿瓜子出来，就注定得孤独一人过日子，这是你自己在咒你父亲，可不怪我呀！”

看来，这个算命先生既势利，又贪财，还是个说话刻薄的坏家伙。

父亲的姐妹——姑

gū

姑

金文的“姑”字，是个形声兼会意字，右边是“女”字，左边是个古文的“固”字。“固”字在上古时代，表示已经废弃的地穴。在这里，用很久以前就存在的穴坑，表示用盾牌和陷阱设防的要塞。这里借用它长久牢固的意思，表示一心一意守护着家的女人。

到小篆时，“婟”字已演变成“姑”，左边是个女，其意思已变为年龄很大的女人。作为形声字，“女”，表示与女人有关；“古”为读音，这也很合乎情理。

我们知道，“古”，有“年代久远，时间长”的意思。父亲的姐妹，肯定比自己年长，所以用“古”来表读音，兼会意。

“姑”的本义就是“父亲的姐妹”，如姑姑、姑妈。

“姑”字又假借指“丈夫的母亲”，如姑婆、翁姑。

“姑”也指“丈夫的姐妹”，如大姑子、小姑子、姑嫂。

“姑”也指“未嫁或出嫁的女子”，如姑娘、乡姑、村姑。

“姑”也假借为“暂且”，如姑且、姑妄言之、姑妄听之。

金文

小篆

姑

隶书

姑

楷书

东晋·王涣之《淳化阁帖》

隋·智永《真草千字文》

给“姑”娘戴顶草帽吧

江苏无锡南门有个南禅寺，这儿是个旅游点，人来人往，很是热闹。南禅寺背后有几条小街，这儿洗头房、按摩院较多，一些闲杂人员常在这儿出没，有关部门对这儿特别重视。

这天，公安局接到举报电话，说这个地方有家店铺有组织卖淫之嫌，店主公然打出广告，称最近组织到一批姑娘，欢迎客人“惠顾”。

公安局长一听，立即指示当地派出所前去查访。

王所长接到电话，亲自赶去调查。他来到现场，见一家洗头房旁边，果然放着一块木板，木板上写着一行醒目的大字：“本店新到香姑，欢迎惠顾。”

王所长敲开洗头房的门，问：“这是什么意思？”

洗头房的老板出门看看，说：“这不是我家的，是隔壁南北货店的，怎放到我家门口了？”

王所长转身出门，去问隔壁南北货店的老板，指指那木板，问：“怎么回事？”

老板探头一看，不好意思地说：“那是我家的广告牌，放在我家门口妨碍客人走路，我挪过去一点儿……”说罢，他走出店门，把那招牌放到自家店门口。

王所长心里忍不住要笑。但他还是一脸严肃地说：“你不光放错地方，还写错一个字。快给那姑娘戴顶草帽吧，要不把你家店的名声搞坏了。”

店主一看，吓得伸伸舌头，把木牌扛回去了。原来，他把新到一批“香菇”，错写成“香姑”了。

gū

菇

小篆

菇
隶书

菇
楷书

菌类植物——蘑菇

小篆的“菇”字是个上下结构的形声字。上面的“草字头”指“草”，表示跟花草有关；下面的“姑”字读“gū”，作声符。“姑”字与“草”字组合，指菌类植物“蘑菇”。

楷书的字形由小篆演变而来，写作“菇”。在古文字中，字形都像草，表示古人认为，菇虽属菌类，但也是一种植物。

“菇”字的本义指“蘑菇”。蘑菇是一种多年生的蔓草，果椭圆如鸭蛋，根可以食用，也可制作淀粉。

菇的种类很多，人们常说的是香菇、冬菇、草菇、平菇、猴头菇，还有金针菇、茶树菇、红菇、白玉菇等，可用菇做出各种美味佳肴（yáo）。

三人祈梦——菇

却说清朝乾隆年间，常州有三位穷书生，科考无望，又没正当手艺，生活陷入困境，便相约到天宁寺祈梦，看未来前景如何。

天宁寺住持大和尚慈悲为怀，热情地接待了他们。三人分住三个房间，让他们美美地睡了一觉。第二天一早起来，三人都说求到了梦。

王书生喜滋滋地告诉住持大和尚，说他躺下没多久，就腾云驾雾来到深山老林，一眼看到山崖上刻着斗大的“有”字。他认为这“有”字是吉祥字，有田有地有权有势又有钱，这该多好！

李书生丧气地说：“唉，我也是刚躺下就开始做梦了。梦见自己进了天宁寺，抬头就看到‘無量殿’三个大字，特别是‘無’字，一直印在脑海里，挥之不去。‘無’，表示没有。无田无地无权无势又无钱，这穷日子不知过到何时呢。”

赵书生神情疑惑。他说自己天快亮时才做梦，梦见自己肚脐眼上长了棵香菇，真不知这怪梦如何解释才好。

住持大和尚捋捋银须，劝道：“三位在本寺得梦，各有各福。本寺佛门之地、菩萨赐梦，乃是天机。天机不可外泄，三位各自努力，各奔前程，好自为之，老衲恕不多言。”

三人各自回家。若干年后，他们各自为自己解开了梦。王书生梦见山崖上的“有”字，本以为样样都有，但其实他当了富人家的奴仆，主人外出时，他替主人背包袱。这与“有”字形似左肩背着包袱有关。

梦见“無”字的李书生呢？他经一番苦读，中了举人，后来当了县官，出门时坐着四人大轿，前面有人鸣锣开道。他梦见的“無”字，上面是开窗的轿子，下面四点像四人抬轿。

最倒霉的是梦见肚脐眼上长香菇的赵书生。他因一无所长，只好当县官的走卒。县官出巡，他跟在后面撑伞。因为这“伞”字的字形跟伞本身都像香菇，难怪他当年会做这怪梦了。

抽筋剥皮的重刑——辜

gū
辜

金文

小篆

辜
隶书

辜
楷书

古代的“辜”字，是个上下结构的形声字兼会意字，上面的“古”字是声符，读“gǔ”；下面的“辛”字是形符。这两个字形组合在一起，指一种抽筋剥皮五马分尸的重刑。“辛”是古代的一种刑刀，用来在犯罪人脸上刺字以便识别。也有人认为，“辛”字是远古时代，用树杈制成的捕押俘虏的枷锁，用以套在奴隶或俘虏的脖颈上，因而有“辛苦、心酸”的意思。在这儿，“辛”表示“有罪”的意思，因为有罪，才被施以重刑。

古人为什么用“古”字作“辜”字的声符呢？因为“古”字表示古代，有时间久远，过去了的意思。而判罪量刑，常常要按过去的案例作参考，所以“辜”字以“古”字作声符并会意。

“辜”字的本义指“罪、罪过、罪恶”。如没有罪或没有罪的人称“无辜”；违背了别人的愿望或好意称“辜负”；即使判死罪也无法抵偿他的罪过称“死有余辜”，以此形容罪大恶极。

“辜”字也作姓氏用。

[瓦当欣赏]

秦汉画像瓦当

无“辜”的旁观者

无锡梁溪谜语研究会，经常在西水关茶楼举办谜语讲座，现在参加的人渐渐增多，内容也由谜语扩大到文字与国学一类话题了。

这天讲“辜”字。有人以“老辣”二字为谜面，打一字，随即有人猜出是“辜”字。因为“辛”有“辣味”之义，故称为“辛辣”；“古”有“老”的意思，“老辣”便指“辜”了。

有位退休语文教师说：“‘辜’字人们用得不多，容易写错。上面是‘古’字，下面是‘辛’字。这‘辛’字最下面一横不能比上面一横长，否则就成另一个字了。那个字读“qiān”，也是‘罪’的意思，但很少见到，字典上也难查到。另外，‘辜’字下面也不能写成‘幸’。‘辛’与‘幸’这两个字的字形读音相近，但意义大不相同。‘辛’是‘罪行、辛苦’之义，而‘幸’是‘幸运、幸福’的意思。二者不能混为一谈。诸位若到杭州西湖游览，可到岳飞墓去看看。墓前铸有秦桧等四个奸臣的跪像，并题有一对联：青山有幸埋忠骨，白铁无辜铸佞臣。‘幸’和‘辜’正好相对。”

众人听罢，报以掌声，感谢他的提醒。

掌声稍停，有位退休老人说：“说到‘无辜’这个词，我深有体会。动乱年代，天天抓阶级斗争，抓‘5•16’反革命分子。有一天，我在厂乒乓球室看人家打球，对方用力扣杀，乒乓球滚进对门小会议室。我好心帮他们拣球，只见里面有几个人在打牌，都是熟人，相互打个招呼，有人问我，你也来啦，我回答说，我也来玩玩。不料，后来说我主动要求加入反革命集团，将我关了一年多，受尽折磨。而我本是个无辜的旁观者。”

话音刚落，一位中年男子抢着说：“你这还算好的呢。十年动乱时，我二叔在欢喜巷看人家打牌，忽然来了一群端着枪的民兵，说要抓赌。有个民兵胆小，枪端在手里发抖。他手指搭在扳机上，胳膊被人碰了一下，‘哒哒哒’，一梭子子弹射出去，把我二叔胸部打烂了。他才是真正的无辜的旁观者啊。”

台下听的人唏嘘不已，对“辜”字又增添了些许感性的认识。

gū
箍

篐
小篆

箍
隶书

箍
楷书

手引竹篾捆紧——箍

小篆的“箍”字，是个上下结构的会意字，它由三个部分组成。上面是竹字头，表示跟竹子有关；左下方是“提手旁”，表示跟手的动作有关；右下方是“匝”字，这个字读“zā”，表示往复环绕一周之义。例如，人们开车上高速公路时，要沿斜坡绕大半个圆圈才能进入高速路，这大半圈称之为“匝道”。

这三个字组合在一起，指“用手引着竹篾环绕一样东西一圈或几圈，使之捆紧扎牢并密合。”这就是人们口头常说的“箍紧”。

楷书的“箍”字由小篆演变而来，写作“箍”。

“箍”字的本义指“用竹篾、藤条等捆紧物体”，如箍桶、箍木盆等。

“箍”字由本义引申指“紧束物体的圈”，如金箍、铁箍、篾箍。

人们把束缚人的东西称作“紧箍咒”，来源于《西游记》。唐僧用来制服孙悟空的咒语，能使孙悟空头上套的“金箍”紧缩，使他头疼，因此称作“紧箍咒”。

“箍”字又引申指“戴在胳膊上的布圈”，如黑箍、红箍。

打圆“箍”，箍扁桶

在广西、贵州、云南等少数民族地区，当地人喜欢唱山歌，有独唱、对唱、合唱，尤以对唱最为精彩。曲调大致相同，但歌词都是即兴创作，好像人人都有这种现编现唱的创作才华。

这天，在柳州鱼峰山公园一凉亭里，坐着几位老人，都是爬山累了，在这儿歇歇脚的。他们相互交谈，打听对方姓名地址及从前干什么活儿的。有位老人提议道：“说的哪及唱的好？就我们几个来个赛诗会吧。三句话不离本行，个人现编词儿唱出来。”

众人附和道：“大爷您先来！”

这位大爷清清嗓子唱起来：

弯竹子哎，破直蔑。破成的竹篾哎，打圆箍。打成的圆箍哎，箍成桶。箍了扁桶哎，装东装西。

众人听了，都知道他是位篾匠。他这段歌词，十分准确地描述了物品的形状。竹子是弯的，竹篾是直的，箍是圆的，桶是扁的。箍成的桶是用来存放东西的。同时，这“东”“西”二字又是指方位的。跟着唱的人也必须按这格局编词。

一位老大妈跟着唱起来：

短棉花哎，纺长纱。纺成的长纱哎，织大布。织成的大布哎，做小衣。做了小衣哎，遮前遮后。

大家听了，都知道她是位纺织女工。她这段歌词按篾匠师傅的路子，也讲究物件的形状。棉花团是短的，纺出来的纱是长的；织出来的布是大的，缝出来的衣裳是小的。衣裳穿在身上是遮前遮后的。“前后”二字表示方位。

接着有位大汉看高嗓门唱了起来：

黑毛铁哎，进红炉。进了红炉哎，打短钉。打了短钉哎，钉长船。钉了长船哎，游北游南。

众人都知道他是位铁匠。铁匠师傅这首歌也注重对仗。黑的生铁丢进红的炉火中。打的短钉，钉的是长船。长船游南北。“南北”是方位词。

gu

古

甲骨文

金 文

小 篆

古

隶 书

古

楷 书

十张嘴将往事传千古

今天的“古”字与甲骨文、金文和小篆的“古”字字形相似，上面是个“十”，下面是个“口”，这是个上下结构的会意字，本义就是表示古代，与现今相对，如古老、古城、古玩、古画等。

“十”与“口”合在一起，意味着什么？由于人们对“十”字的理解不同，所以说法略有差异。

《说文解字》认为，“古”是“故”的古字。所谓“故”就是故事，也就是古往之事。既是古往之事，也就是指古代了。

还有一种说法，认为“古”字中的“十”字是一横一竖，也就是一横一纵。古代东西为横，南北为纵。这一竖就意味着已经逝去的年代，一横意味着各个时代所发生的历史事件，总的意思就是已经过去的历史。“口”字，就是讲述这些历史，使之一代一代流传下去。过去的事，也便成了“古”。

第三种说法较为生动。古人认为，古代的事就是历史，这些历史要靠当代的人以口头讲述的方式一代一代流传下去。“十”字，在这儿是数字，表示十张嘴巴，也就是众人的嘴巴来讲述，总的意思是十人之口，将往事流传千古。

“古”字，除了表示“古代、古远”，也表示“历经多年的，具有古代风格的”，如古拙、古朴。还表示“真挚纯朴”，如人心不古。

“古”字，也是一个姓。

十口年代久——古

汉字不仅传递信息，表达思维，记录语言，而且还供人们欣赏娱乐。书法可欣赏，文字写成对联、制成谜语，也为广大群众所喜闻乐见。

除了常见的诗词之外，还有人用数字作诗，而且是个谜语诗，读来十分有趣：“一口一分开，二口上下连，三口往上垒，四口页中间，五口就是吾，六口二十几，七口坐左边，八口八张嘴，九口右两分，十口年代久。”

我们按诗意分析，可看出每一句的开头为一个数字，每一句以“口”字为基础，按序数写到十，共写了十个谜语，每句包含一个字。这十个谜语的谜底依次是：

日、吕、品、嚚、吾、曲、叱、只、旭、古。

这十个谜语，利用汉字结构的特点，经过一番构思，用拆离和组合的手法，很巧妙地把十个汉字表达出来，不仅使人们记住了这些字形，而且留下深刻印象，不会忘记。

流经山间的水道——谷

gǔ
谷

甲骨文

金文

小篆

穀
隶书

谷
楷书

对古代的“谷”字，有两种说法。一种说法认为，甲骨文和小篆的“谷”字是象形字，上部像水流，下部像两山夹在一起时的山谷谷口，合起来的意思指“山间溪水流出谷口”。

还有一种说法认为，“谷”字是个会意字，下面的“口”字表示水流出来的地方，“口”字上面的部分是古文字“水”字的一半，表示水从“口”中流出。“谷”字的本义指“两山之间，水从山间水源流出汇入到河流之间的地方”。

也有人指出，“谷”字的上部像水流，下部像山涧泉口，合起来指“水流经两山间的水道”。

以上几种说法，大同小异，没有根本的分歧。

金文的字形由甲骨文演变而来，小篆使其整齐化，隶变后写作“谷”。

“谷”字的本义指“两山间或两块高地间夹道或水道”，如向一定方向倾斜的低凹地称“谷地”，在沟底修筑的小水坝称“谷坊”，河流所经过的狭长的凹地称“河谷”，河流经过的深而狭窄的山谷称“峡谷”。山谷、溪谷、幽谷等都指山间夹道或水道。

“谷”字由本义比喻“困境”，如进退维谷。

“谷”字作“穀”字的简化字，指“庄稼和粮食的总称”，如谷子、包谷、五谷、稻谷、仓谷、谷草、谷物等，都与粮食庄稼有关。

“谷”字是个多音字，读“yù”时，指“吐谷浑”，指古代西部一个少数民族。

“谷”字也作姓氏用。

母鸡下蛋“谷”谷蛋

在农村生活过，或养过鸡的人都知道，老母鸡生蛋后，总是像向主人邀功似的，嘴里不停地叫着“谷谷谷谷蛋——”而且声音越叫越响，只有待主人撒把米表示慰劳后才罢休。

清朝康熙年间，贵阳有位学者名叫周起渭，号桐野，是清代贵州著名诗人。他自幼勤奋好学，成年后博学多才，一生作诗、作对联很多，并留下许多佳话。周起渭幼年在私塾读书时就显露出文学才华。他善于观察生活，精于遣词造句，长于精巧构思，喜欢吟诗作对。

一天，私塾来了许多客人，名为拜访教书先生，实为考考周起渭，看他是否如传说那样是个小神童。

众人在院子里喝茶闲聊，这时，树上有小鸟叽叽喳喳叫个不停，有位先生据此出上联：

小鸟上树酒醉　酒醉并无半杯

众人盯着周起渭，看他如何答下联。

周起渭正苦思冥想，这时私塾先生家养的母鸡生了只蛋，“谷谷谷”地叫起来，他随口答道：

母鸡下蛋谷多　谷多只有一个

这下联将母鸡的叫声形容得惟妙惟肖，与上联“小鸟叫声酒醉酒醉”有异曲同工之妙。又有一位先生吟道：

山中无酒雀子如何歌酒醉

周起渭指指先生家的谷仓说：

家里有米母鸡因此叫谷多

众人听了，一个个跷起大拇指夸奖：“奇才！奇才！日后必成大材！”

毒虫在皿中厮杀——蛊

甲骨文的“蛊”字是个上下结构的会意字，上面是“蚰”字下面是“皿”字。“蚰”字读“kūn”，指昆虫类动物的总称，下面的“皿”字读“mǐn”，在甲骨文中是象形字，像带底座的碗、碟、盆、盘一类的饮食器具。

“蚰”字和“皿”字组合在一起，指古老的传说里，把许多毒虫放在器皿里，让它们相互咬杀，最后剩下不死的毒虫称为“蛊”。用这种毒虫制成的毒药可毒害人。

小篆的字形使其繁杂化，为了表示器皿里毒虫多，在两个“虫”字的基础上，在上面又加了个“虫”字写作“蠱”。隶变后的楷书写作“蠱”，后简化为“蛊”。

“蛊”字的本义为“害人的毒虫。”

“蛊”字组词很少。常见的是“蛊惑”一词，作动词用，指毒害，使人迷惑。成语“蛊惑人心”，指用谣言或诡辩来迷惑欺骗众多的人，这里的“蛊”字，就是指迷惑人心。

gǔ

蛊

甲骨文

金文

小篆

蠱

隶书

蛊

楷书

蛊惑人心

在《左传•宣公十二年》中，有一段春秋时期的拆字记载。宣公十二年六月，楚晋交战，晋军大败。楚将潘党对楚王说："君王今日大胜，何不用晋军尸骨，建一尸骨台，留予子孙后代，不忘君王今日之武功。"楚王听了，反问道："你知道何为开武功？"潘党答不出。楚王说："武者，止戈为武也。'止'与'戈'相合才成'武'。"

在这里，楚王将"武"字拆解开，表示他崇尚周武王的美德，认为"止息兵戈"才是武功。

《左传》中还有一则记载。昭公元年，晋侯生病，求医于秦侯。秦侯派医和去为晋侯诊治。医和见过晋侯出来，对晋国大臣赵孟说："晋侯的病已很难治好了。他得的是蛊惑症。他身边的良臣也将死去。"赵孟听了，大吃一惊，问："何人相当于良臣？"医和不客气地说："就是你了。你辅佐晋侯已有八年之久，晋国没有动乱，土地没有丢失，你可算是良臣了。现在晋侯因贪恋女色，毫无节制而得了病毒，将来不能治理国家，还不是比灾祸更危险吗？国不可一日无君啊，如有动乱，你这样的良臣不是也将遭祸吗？"

赵孟深思良久，又问："你刚刚说到'蛊惑'二字，何为'蛊'？"

医和答道："'蛊'者，以字形而言，器皿中的毒虫叫'蛊'。秋后稻谷中的飞虫也叫'蛊'。在《周易》里，将男子受女子迷惑也叫'蛊'，大风吹倒树木也叫'蛊'，凡此都是同类事物。"赵孟又追问："蛊何以这般厉害？"

医和说："毒性大在使病人沉迷惑乱，神志不清，成为行尸走肉，生不如死。"

赵孟听了，倒抽了口冷气，道："皿中小虫，如此厉害啊。"

gǔ
股

小 篆

股
隶 书

股
楷 书

肉多长条形大腿——股

小篆的“股”字是个左右结构的形声字兼会意字。左边的“月”字是“月肉旁”，表示跟肌肉有关；右边的“殳”字读“shū”，作声符并会意。“殳”字与“肉”字组合，指人体中肉多又是长条形的大腿。因是指人的大腿，大腿上肌肉多，这跟肉有关，所以古人用“肉”字作“股”字的形符。

古人为什么用“殳”字作股字的声符呢？

在甲骨文中，“殳”字是个会意字。下面是“又”字，表示“手”，字形像手持一个长把子圆头兵器，有所捶击的样子，表示投掷之义。金文大致相同，小篆使其整齐化，隶变后的楷书写作“殳”，本义指“投掷”。

“投掷”就是甩出去，有“前导、先行”之义。“殳”就是手把长柄武器掷出去，这犹如人行走时先迈开长腿跨出去，有先行之义，而大腿也有带动小腿和脚向前走的意思，所以古人用“殳”字作“股”字的声符并会意。

楷书的字形直接由小篆变来，写作“股”。

“股”字的本义指“大腿”，大腿紧靠臀部，所以有“屁股”。

“股”字假借指“机关团体中的组织单位”，如人事股、总务股。由上义引申指“集合资金的一部分”，如股金、股份、股东等。“股”字也作量词用，如一股清香、两股泉水、一股劲儿、一股敌人。

为炒股者测“股”字

南京奇人郑可鉴，以钻研汉字，会折字解字闻名。他开小型旅游公司为生，他却以当导游，与游客谈天说地、咬文嚼字为乐。

这天，他率团去黄山。出了南京城，有位胖得走路都喘气的中年汉子便大声嚷起来：“郑导啊，听说你会测字算命，在下姓王，人称王爷，你就以王字测测我财运如何？”

郑导笑道：“那我也称你王爷吧。你是三横‘王’，若你真是王爷，那金山银山用不完。你这‘王’字是‘玉’字少一点。玉属珍珠宝贝，是财富的象征。胖兄，你姓王，不是玉，你的财富还差一点。”

胖子问：“那我该怎么富呢？”

郑导劝道：“你就别想称王吧。把‘王’字当中一横去掉变成‘工’字，做工人，做工拿工钱！”

有人鼓掌叫好。王胖子不服气：“别门缝里看人啊，我也打过工。这两年我炒股赚了一笔，你就给我测个‘股’字吧，看看接下来行情如何。”

郑导哈哈大笑：“我若能测准‘股’字，还在这儿跟你聊天？我早就乘私人飞机周游世界了。不过，我对这‘股’字还是有点研究的。”

众人喊道：“别卖关子，快说吧。”

郑导掏出大本儿，写了个“股”字展示给大家看：“这‘股’字左边是“月肉旁”，表示跟肉有关。右边是‘殳’字，读“shū”，指古代兵器，本义指人的大腿。大腿上肉多，连着屁股肉就更多了。王老弟身上连皮带肉怕有二百斤吧？炒股有个词儿叫股民割肉，你王胖子身上肉多，经得起割。”

王胖子叫道：“你这是歪理呀，炒股有熊市也有牛市。碰上牛市浑身长肉呢。你没看‘股’字的月肉旁占了一半吗？”

郑导神秘地说：“胖兄弟，你只看到‘股’字上的肉，没看到另一半的‘殳’字，它属兵器，是专门表示群殴割肉的。肉割光了，只剩下血水，‘股’字就变成‘没’字。你赚的股金转眼就没了。”

gǔ
骨

甲骨文

金文

小篆

骨
隶书

骨
楷书

空骨头和肉相连——骨

小篆的“骨”字由两部分组成，上面的字形为“冎”，这个字读“guǎ”，在甲骨文中是象形字，字形像一块切去一角，然后剔掉肉整治成占卜用的牛肩胛骨。隶变后楷书写作“冎”，俗体字写作“另”。这个字后来作偏旁用，“另”如今规范化为“另”。“另”本义指“剔治卜骨”，即剔去骨上肉做占卜用的骨头。注意，“另”字下面是“力”字，而“另”字下面是“刀”字。

“骨”字下面是“月”字。“月”字表示肉，故称“月肉旁”。“月”与肉组合，指空骨头和肉连在一起称“骨”。

因为“冎”指被剔过肉的骨头，属于空骨。“月”字在甲骨文中是象形字，像一大块食用的禽兽的肉，因小篆的“肉”字与“月亮”的“月”字相混同，后来古人就用“月”字作“肉”的偏旁了。“月”字在“骨”字中表示骨上附着的肉。

楷书的字形由小篆演变而来，写作“骨”。骨是部首字，作偏旁用，也可单用，凡由骨取义的字都与骨头有关。

骨字的本义指“人和动物的骨骼”，如骨架、骨节、骨盆、骨肉、骨髓、骨头、头骨、肋骨、软骨、尸骨、胯骨、指骨、筋骨、股骨等。

“骨”字由本义比喻“支撑物体的东西”，如钢骨、骨干、钢骨水泥。“骨”字假借指“品质、气概”，如骨气、风骨、傲骨、侠骨、主心骨、硬骨头。

“骨”字是个多音字，读“gū”时，指“没有开放的花朵”，称“花骨朵儿”。也用于指滚动，如骨碌。

骨头上没肉财不多

民国年间，南京夫子庙文德桥头的测字大师胡铁嘴，为人热情好客，助人为乐，凡认识他的人都愿同他交往。有些到夫子庙来办事或玩耍的熟人，都喜欢到他这儿歇歇脚聊聊天，少不得测字问事儿，请他出出主意掌掌眼。

这天，家住评事街的罗小五子来找胡铁嘴，坐下便说："胡大爷，无事不登三宝殿，我已老大不小的了，想自己混饭吃，我自筹资金，想做骨头生意。我到屠宰场低价买进骨头，再卖给面店和小饭馆熬汤，这里可有赚头哩——你给我测个'骨'字看能不能做。"

胡铁嘴赞道："五子，你能想方设法去赚钱谋生，大爷我打心眼里高兴。不过，从'骨'字字相上看财运不大。'骨'字上头如同一个盖子把财气闷在底下出不来。下面的'月'字是月肉旁，字形像'贝'字，表示财气，但这团财气出不去，因为'月'字下面没封口，也不像'贝'字有两个支撑点，所以有财都从底下漏光了。再说，'骨'字没有水不成'滑'，凡事滑溜才顺畅快速，所以你以'骨'字测财运也不佳，骨头上没肉，就是有一丁点儿，财也不多。这骨头生意，一年之中只有秋冬两季可做。春夏天热，贩运骨头易变质受损失，这些你都要仔细考虑。"

小五子听了，连连点头，说："我再想想，待想好了再请您老测个字。"

胡铁嘴道："你想创业，大爷一定帮你！"

做买卖的地方——贾

贝

小篆的“贾”字是个上下结构的会意兼形声字。下面是个“贝”字，表明这个字与金钱有关；上面是个“西”字，这“西”字不是东南西北的“西”，古代的“西”读“yà”，表示“自上而下，自下而上覆盖和包裹着”，这是个指事字，在这儿表示衣袋里装着金钱，坐在这儿卖东西，也就是做买卖的地方。

也有人认为，“贾”字可看作是会意字。“贝”字代表金钱，可用“贝”来买东西。买什么东西？“西”字就是买的对象。

古代的“西”字可作鸟巢解释，但也有人认为，“西”字也可算作是古代的陶罐、钵子之类。这钵子是陶制的，形状像盆，但比较小，就是饭钵子。这是日常生活用品，必不可少，所以街上随处可买。古人以此物与“贝”相连，指贸易市场，这很合乎情理。

“贾”字由“做买卖的地方”，转而指“出售”，如余勇可贾。

“贾”字也指“做买卖”，如多财善贾。也指“做买卖的商人”，如商贾、行商大贾、多财善贾。

做生意的人称为商人。旧时商人可分为两大类：一类是长途贩运货物的称为行商；一类是在一个地方固定做生意的为坐商，也称商贾。“贾”字由做生意的人，又引申为物价，读作“jià”，后来此义的“贾”字写作“價”，又简化为“价”。

“贾”字的本义，现在用得很少。最常用的，是转而用作姓氏，读作“jiǎ”，《红楼梦》里的贾府，还有人尽皆知的贾宝玉。

金文

小篆

賈
隶书

贾
楷书

酒席宴上出妙联——贾

现在大家收入增多了，想着法儿花钱。过去亲朋好友难得相聚，现在三天两头上馆子，进澡堂，享受生活。无锡有十来个南京师范大学的老校友，如今大都退休了，他们就常常聚会。聚会的地点不定，有时在饭店，有时在茶馆。费用公摊。南京话叫“抬石头”，无锡话叫“劈硬柴”，也就是流行的AA制。

这次聚会，闹了点小矛盾。有位女同学，名叫贾席珍，她想吃西餐，坚持要进西餐馆。另外一位叫陈家颜，他喜欢喝老酒，吃面条，所以坚持要到“楼上楼”面馆。两人争执不下。

大家都知道，今儿贾女士跟老陈叫板，是存心要老陈掏腰包做东。陈家颜呢，也很爽气，说今日进“楼上楼”由他做东，下次去西餐馆由贾席珍独资赞助。贾席珍一口答应，一场风波就此平息。十位老同学，如同十个老顽童，在欢呼声中，奔向“楼上楼”。

进了包间，待酒菜上桌，众人正要动筷，以文才著称的老杨叫道：“慢，待我吟上一副对联，方可动嘴。”说罢，指指贾席珍，又指指陈家颜，摇头晃脑，吟道：“贾席珍失去宝贝珍珠，明日为西席；陈家颜割落耳朵颜面，今天当东家。”

众人听罢，齐说妙！妙！读者诸君，你说妙在哪儿？

手拿鼓槌在击鼓

甲骨文的“鼓”字是个左右结构的形声字兼会意字。右边的“支”字读“pū”或“pō”，作形符，这个字作偏旁时写作“攵”，表示手持棍棒打击的形状，在这儿表示敲打；左边的“壴”字是声符，读“gǔ”。这两个字形组合在一起，表示“用鼓槌敲击鼓。”

古人为什么用“壴”字作“鼓”字的声符呢？因为“壴”字是“鼓”字的本字。在“鼓”字出现之前就有“壴”字了。这个字形上面是饰物，中间是鼓身，下面是鼓架，这是个象形字。所以古人用“支”字作“敲”字的形符，以“壴”字作声符并会义。

金文的“鼓”字由甲骨文演变而来，它们之间的形符与声符有的左右不一致。小篆的字形由金文演变而来写作“鼓”，隶变后楷书写作“鼓”和“鼓”，现规范化为“鼓”。

“鼓”字的本义为“用鼓槌敲鼓”，如吹鼓，鼓掌、鼓手。由本义引申指“一种打击乐器”，如鼓板、板鼓、长鼓、大鼓、花鼓、锣鼓、腰鼓、渔鼓、战鼓、钟鼓。由上义又引申指“发动、震动”，如鼓吹、鼓动、鼓励、鼓舞。又引申指“用风箱等扇风”，如鼓风机、鼓风炉。由上义还引申指“涨大、凸起”，如鼓胀、口袋鼓起来了、嘴巴鼓起来了。

甲骨文

金 文

小 篆

鼓
隶 书

鼓
楷 书

击“鼓”鸣冤

相传远在西周时期，宫殿大门外设有大鼓，百姓有冤，便可击鼓，请求皇帝接见，这种鼓称“登闻鼓”。帝王听到鼓声，会亲自接见冤民，当场处理。这种风气一直沿袭到汉朝，大殿外的鼓有专人看管，凡来击鼓言事者，必须为其提供方便，不得阻拦。由此看来，将击鼓鸣冤真正形成诉讼制度的，是在汉朝，据民间传说，这还跟汉高祖刘邦有关呢。

刘邦有个侄子属恶少。他依仗皇家权势，在京城胡作非为。民女苏小娥和妹妹上街，被他看到。他见二人貌美，上前调戏。不料苏小娥性格刚烈，她甩手给了他一巴掌。高祖的侄子气得发狂，他指使跟随的家丁们一拥而上，对苏小娥拳打脚踢。这时，有位好汉路见不平，出手相助。高祖的侄子怒不可遏，狂呼“杀了他”。有一家丁，掏出匕首猛刺过去，岂料慌乱中刺中高祖侄子的头部，致其当即毙命。众家丁恶人先告状，说是路过的好汉杀了高祖的侄子。刘邦闻讯，下令将好汉捉拿收监，择日处斩。

苏小娥姐妹脱险后，忙不迭逃回家中。两人不敢对人说起事情经过，生怕惹祸上身。但二人思来想去，又寝食难安，想想那位好汉是为了解救自己，才遭此不白之冤的。如今他面临死罪，而自己却贪生怕死，不敢说出真相，真禽兽不如。二人想罢，决定勇闯金銮（luán）殿，为好汉击鼓鸣冤。

苏小娥和妹妹，一人在前背鼓，一人在后用力敲鼓，一路高喊“冤枉”，向皇宫走去，路人纷纷跟随，不久人群浩浩荡荡。到得大殿，苏小娥姐妹使劲敲鼓。这鼓声惊动了宫内的刘邦，他亲自出来查问。苏小娥向他诉说他侄子的劣行，并指认真正的凶手。刘邦听罢，召被关押的好汉及众家丁审讯对质。问明真相，他释放了好汉，斩了那杀人的家丁，百姓都赞颂高祖英明。从此以后，全国各地的官府衙门，都遵照刘邦的旨意，在衙门外设置一面大鼓，让有冤的百姓击鼓鸣冤。鼓声一响，官员必须立即升堂，凡延误者撤职查办。

旧事流传有原故

gù
故

金文

小篆

故
隶书

故
楷书

小篆的“故”字，是个左右结构的形声字兼会意字，右边的“支”字是形符，读“pū”或“pō”，简省为“攵”，俗称“反文字”，“攵”是个会意字，像长辈手持鞭子在教训人的样子；左边的“古”字是声符，读“gǔ”；这两个字形组合在一起，表示旧的事情流传至今，必有原因。

古人为什么用“古”字作“故”字的声符呢？因为“古”字有“陈旧、陈迹、以往”之义，而旧事陈迹之所以流传总是有原因的，所以“故”字用“古”字作声符并会意。

“故”字的本义指“原因、原故”。如原因称“原故、缘故”；借口某种缘故称“借故”，也叫“托故”；没有原因称“无故”。

“故”字由本义引申指“意外的事情”，如意外的灾祸或损失称“事故”，发生意外的事情称“变故”。

“故”字又引申指“存心、有意”，如故意、明知故犯。还引申指“旧的、原来的、过去的”，如故地、故土、故乡、故都、故居、故事、故我、掌故、典故、世故、故步自封、故态复萌。

“故”字还引申指“友情、朋友”，如故交、故旧、故人、故友、故知、沾亲带故。由此又引申指“死亡”，如故去、病故、亡故、已故。

“故”字还用来表示“所以”，如故此、故而。

“故”字也作姓氏用。

故事大王讲故事

杨乐是位儿童文学作家，以写儿童故事见长，被誉为“故事大王”。在一次儿童文学创作座谈会上，年近八十的杨老讲起他创作的经历，归结到“故事”二字上。

杨老一再表白他不敢称“故事大王”，因为他见过真正的“故事大王”。

那是七十多年前，杨乐还是个七八岁的孩子，住在苏北盐城一个小村庄。他记得，每年夏天晚饭后，全村人都端着凳子，聚集到村头老槐树下，围成一圈，等候邵大爷登场。

邵大爷是方圆数十里有名的故事大王。他是郎中，兼卖药材，走村串户，为人治病。他见多识广，肚子里故事车载船装。

邵大爷来了，他在小椅子上坐下就开讲。他一口苏北话，字正腔圆，绘声绘色，连说带唱。他有编故事的才华，又有讲故事的天赋，还有惊人的记忆力。一个夏季，一百多天，每天的故事都不一样。“林冲夜奔”“武松打虎”“包公断案”，听得小孩子如醉如痴。一段“孟姜女哭长城”，听得老太太们泣不成声……

人们沉浸在邵大爷营造的故事世界里，与故事中的人物同命运、共呼吸、同欢乐、同悲泣。杨乐听得入了迷，他屏住气，两眼盯着邵大爷，唯恐听漏了一个字。邵大爷讲到嫦娥奔月，他就仰头看月亮，还想象着，嫦娥落地时，是踏在田埂上，还是挂在树梢上？

在那没有电影电视，没有广播音乐，没有报纸杂志的乡村，人们就靠这口口相传的故事，享受着祖先们创作的文化珍品。这些故事，滋润着人们的心田，潜移默化地影响着每一个人。杨乐就由爱听故事，变得爱讲故事，爱编故事，爱写故事，从而成为一位专为孩子创作故事的作家和编辑。

杨老不无感慨地说：“故事里的‘古’字，有十张口代代相传的含义。‘故’字拆开是古人的文章，古人的言论，记录的是古代的事情。这些事情，是前人的经验，人们口口相传，绵延不绝。”

杨老认为，人们爱回顾过去，所以“故”“顾”同音。故事是取之不尽的精神财富，所以他才以毕生心血，献给儿童故事。

回过头来看——顾

gù
顾

金文

小篆

顧
隶书

顾
楷书

小篆的“顾”字是个左右结构的形声字兼会意字。右边的“页”字是形符，表示跟人的头部有关；左边是“雇”字，读“gù”，作声符并会意。“雇”字和“页”字组合，指“回过头来看”。因是指回过头来看，这跟表示头部的“页”字有关，所以古人用“页”字作“顾”字的形符。

古人为什么用“雇”字作“顧”字的声符呢？

甲骨文的“雇”字是个形声字兼会意字。“户”字与“隹”字组合，指鸟儿按时回到农户家，这是候鸟，如燕子之类。“雇”字本义指“按农事季节来去的候鸟”，后来借用表示出钱请人替自己做事。后来“雇”字作了偏旁，古人就在左边加“单人旁”写作“僱”，专门表示僱人之义。可见这“雇”字原指农桑候鸟，农夫见“雇”回来即开始农耕。“雇”有回来之义，这与“顾”字所表示的“回过头来”是吻合的，所以古人用“雇”字作“顾”字的声符并会意。

楷书的字形由小篆演变而来，写作“顧”，现简化为“顾”。“顾”字的本义指“回头看”，泛指“看”。

向两旁或周围看来看去称“顾盼”，也称“环顾”。回头看，比喻反悔称“反顾”，成语“义无反顾”，即从道义上讲绝无后退之义。“顾”字由本义引申指“关心、注意、照管”，如顾及、顾忌、顾虑、顾全、顾问、兼顾等词。“顾”字还引申指“拜访”，如光顾、惠顾、三顾茅庐。还引申指商店或服务行业前来购物或要求服务的人，如顾客、顾主、主顾。

“顾”与“惠顾”

远在两千七百多年前的春秋时期，各诸侯国之间战争不断。这一年，楚国楚庄王率大军进攻郑国，一直打到郑国国都新郑，即今日河南新郑一带。兵临城下，郑国国君郑襄公忙派人占卜，看看是坚持抵抗好，还是投降求和好。

占卜的结果是：全城的人到祖庙号哭，同时要做好抵抗的准备。

郑襄公下令：全城百姓，都要号啕大哭。于是全城哭声震天，连城外的楚庄王也听到了。楚庄王以为郑国人准备投降了，就下令军队退后三里，作出友好姿态，以便接受郑国投降。

郑国都城的军民，趁楚军后撤的机会，修整城墙，加固工事，坚守不出。楚庄王一见，怒火冲天，下令围攻，经几番激战，三个月后，终于将郑国都城攻破，郑襄公只好出城投降。

郑襄公以战败国的身份，袒露上身，牵着一只羊，低着头，如罪犯般向楚庄王请罪。他既悲伤又可怜地说：“天不佑我，使我触犯了尊王。如今我已知罪，我愿听从尊王旨令。如蒙恩德，若惠顾前好，不灭郑国，让敝国等同于尊王下辖的一座县城，这便是大王的恩德，也是在下及郑地臣民的愿望。”

楚庄王身边的大臣们听了郑襄公这番话，都嚷着：“不要相信他！不要赦（shè）免他！”但楚庄王不为所动。他答应了郑襄公的请求，率军又退后三十里，接受了郑襄公投降的请求。

郑襄公求和时，对楚庄王讲的一段话中，用了“惠顾”一词。“惠”，指给予的或受到的好处、恩惠，也表示给人好处；“顾”，指顾及；“惠顾”一词本来指“恩德顾及到”，但现在这一词的词义与古代的词义大不相同。它已成了商店对顾客用的一种敬词，一种客套话。我们经常在店铺招牌上及广告上看到“欢迎惠顾”“承蒙惠顾”“敬请惠顾”等醒目标题，用这些词句，都是动员你去花钱购物消费的。

藤蔓上结的瓜

guā

瓜

金文

小篆

瓜

隶书

瓜

楷书

金文和小篆的“瓜”字都是象形字，字形就像瓜藤上结了一个大瓜的形状。小篆的字形由金文演变而来，使其整齐化。楷书的字形由小篆演变而来，写作“瓜”。

“瓜”字是个部首字，如今既可单用，也可作偏旁，凡是从瓜取义的字，都跟瓜果等意思有关。

“瓜”字的本义指瓜类，是“瓜”的总称，属蔓生植物，叶子像手掌，花多是黄色，果实可以吃。瓜的种类很多，如西瓜、黄瓜、南瓜、冬瓜等。

像切瓜一样地分割或分配称“瓜分”，如瓜分领土、瓜分资源。“瓜”和“葛”都是蔓生的植物，能缠绕或攀附在别的物体上，比喻辗转相连的社会关系，也泛指两件事情互相牵连的关系，这叫“瓜葛”。

还有瓜片、瓜农、瓜代、瓜期、瓜熟蒂落、瓜田李下、瓜子、瓜子脸等词语。

商场职工品“瓜”字

南京奇人郑可鉴，一手创办了“可鉴旅游公司”，他把公司基础夯实，客源固定后，就交由夫人和儿女打理，自己当个导游，到第一线去打拼了。

又是一年三八妇女节，郑可鉴带南京一家商场女职工到苏州西山游太湖。她们都知道郑老板的底细，晓得他会说笑话会测字，于是捧出最好吃的放到他面前，要他测个字，让大家见识见识。

郑导一边吃瓜子，一边说：“拿人家手短，吃人家嘴软。说吧，测个什么字。”

一位大妈说：“就测你手里瓜子的‘瓜’字吧。”

郑可鉴问：“测什么事儿？”

众人纷纷嚷道：“测我们商场大吉大利，我们柜台盈利，为我们职工增加福利！”

郑可鉴掏出本儿，一本正经地写了个大大的“瓜”字展示给大家看：“这‘瓜’字，自古以来就这样儿。你们看这字的形状是不是像瓜儿？黄瓜、丝瓜、冬瓜……都像。‘瓜’字上三撇一竖表示藤蔓，下面一点表示果实。大家知道，‘在木为果，在地为瓜’。长在树上的称果子，生在地上的是瓜。下面一点也表示地上。没有一点就是爪子的‘爪’字了。俗话说‘瓜剖豆分’。豆荚是晒干破裂时，豆粒儿迸飞出来的。瓜是要用刀剖开分成几块吃的，这就叫瓜分。‘瓜分’这词可说大事，也可说小事。旧中国曾被帝国主义国家瓜分过。今天你们带来大西瓜剖成几块，也叫瓜分。大家看到瓜被剖开后，里面有不少瓜籽，瓜籽是一粒粒的。‘粒’字与‘利’字同音，‘一粒粒’就是‘一利利’，连续不断，可见你们商场大吉大利，天天盈利，你们增加福利……”

几句话，说得大家笑翻了天，都夸郑导好口才。

guā

刮

用刀削高平低——刮

小篆的“刮”字是个左右结构的形声字兼会意字。右边的“立刀旁”表示刀，作形符，表示跟刀斧之类有关；左边是“昏”字，读“guā”，作声符。“昏”字与“刀”字组合，表示用刀将高处削去填平低处。因是用刀削去或铲去高处，这就跟用刀具有关，所以古人用“刀”字作“刮”字的形符。古人为什么用“昏”字作“刮”字的声符呢？

对古代的“昏”字有两种不同的解读。

有人认为，古代的“昏”字是指当时一种刮削用的农具，它虽是木制的，但着地的部分很平且坚固锐利，样子像刀，故从“刀”，有削去高处，填平低处的作用。还有一种解读认为，“昏”是用来卡住弦以便扣动射箭的，表示将口卡住。隶变后楷书写作“昏”，本义为“塞口”，作偏旁时写作“舌”，但又与“舌”完全不同，这种解释令人费解。

看来“昏”是一种用来平地的农具，削去高处填平低处。

楷书的字形由小篆简化而来，写作“刮”。

“刮”字的本义指“一种刮削用的农具”。由本义引申指“将物体表面的东西去掉”，如刮胡子、刮痧、刮刀、刮削、刮目相看。

“刮”字引申指“搜取”，如用各种方法去掠夺财物称“搜刮”。还引申指“在墙上涂抹黏糊之类的东西”，如刮糨子。“刮”字还假借指“风吹”，如刮大风。

小篆

刮

隶书

刮

楷书

“刮地三尺”和“天高三尺”

古代帝王既希望分派到各地的官员把地方治好，不出乱子，又担心这些官员在当地待久了扎地生根，尾大不掉，也会出乱子，所以就将官员常常调动。俗话说，“铁打的营盘流水的兵”，当官也一样，“铁打的衙门流水的官”，地方官员换了一茬又一茬。

五代后晋年间，宋州节度使赵在礼在任时，贪赃枉法，巧取豪夺，百姓怨声载道。当他离任时，全城民众敲锣打鼓，燃放鞭炮送他出城。待他骑马走到城门口时，抬头一看，一副巨型对联挂在城门两边：

早走一天天有眼
迟去此地地无皮
若问地皮哪儿去了？
都被赵在礼刮走了。

清朝乾隆年间，安徽怀宁有个县令，在任期间，对当地百姓盘剥榨取，横征暴敛，到他离任时，觉得没啥再能搜刮了，只剩下好山好水带不走。他心有不甘，便找人画了不少当地风景画带走，为此，百姓们作四句诗送他：

来时萧索去时丰，官币民财一扫空；
好山好水移不去，临行绘入图画中。

贪官的丑恶嘴脸，尽入诗中。

也是在清朝乾隆年间，浙江青田县令离任时，当地秀才数百人，给他送上一块精制的匾额，上面写着四个大字：天高三尺。

县官见这四个字，以为是秀才们对他的颂扬，喜滋滋地收下了。与县令同流合污，相互勾结的师爷见了，忙提醒他：“老爷，这是骂你呢。”县令不解：“天高三尺，哪有骂人之义？”

师爷解释道：“‘天高’是因‘地低’之故，‘地低’是因地皮被刮之故。他们骂你刮地三尺啊。”

大屋内只有一人——寡

guǎ
寡

金文

小篆

寡
隶书

寡
楷书

金文的“寡”字是个上下结构的会意字，上面的“宝盖头”表示高大的房屋，宝盖头下面是个“頁”字。“頁”字在甲骨文中是个象形字，字形像一个突出了头部的人形，上为头和头发，下为人身；金文的字形线条化；小篆使其整齐化；隶变后的楷书写作“頁”，现简化为“页”。“寡”字表示“大房子”的“宝盖头”和“页”字组合，指大房子里只站立着一个人，表示人少之意。

小篆的字形承接金文，但使其复杂化，在下面又另加了个“分”字。“分”字指一分为二或指分开来，这样人就变得更少了。

楷书的字形由小篆演变而来，写作“寡”。

“寡”字的本义指“人少”。由“人少”引申泛指“少、缺少”。如很少说话称“沉默寡言”；“多少”也称“多寡”；缺少情谊或感情称“寡情薄义”；人少的一方敌不过人多的一方称“寡不敌众”；形容没有操守，不知道廉耻称“寡廉鲜耻”；心地恬静，少有欲念称“清心寡欲”。“寡”字由本义“少”引申指“清淡无味”，如“清汤寡水”。“寡”字又引申指“妇女死了丈夫”，如“寡妇”。妇女死了丈夫不再结婚称“守寡”；老而丧妻的男子和老而无夫的女子、幼儿丧父的孩子及老而无子的人称“鳏（guān）寡孤独”，泛指无劳力而又没人赡养的人。“寡”字还引申指“古代君主自己谦称”，如寡人、孤家寡人。

“寡”和“鳏寡孤独”

“……使老有所终，壮有所用，幼有所长，鳏（guān）寡孤独废疾者，皆有所养。……”

这段话的意思是：使所有老年人都有各自的归宿，所有的年轻人，都能尽量发挥他们的才能和干劲。年幼的，都应得到教育和培养。那些鳏寡孤独和身有残疾的人，都应得到赡（shàn）养和保护。这种观点，就是儒学说所推崇的“大同世界”，他们为之宣扬并力求实现。

《礼记》对“鳏寡孤独”作了详细的解释：少而无父母者为之“孤”；老而无子者为之“独”；老而无妻者谓之“鳏”；老而无夫者谓之“寡”。

《孟子•梁惠王》一章中也作了类似的解释：老而无妻曰“鳏”，老而无夫曰“寡”，老而无子曰“独”，幼儿无父曰“孤”。这就是说，凡年老而没有妻子的人称“鳏夫”；年老而没有丈夫的妇女称“寡妇”；幼年死去父亲的称为“孤”，又分为“孤儿”或“孤女”。孟子把这四种人称为“穷民”，也就是贫困的人。他认为“此四者，天下之穷民而无告者。”就是说，这四种贫困的人是天下最穷的人，他们无所依靠。

当今社会有养老保险，有各种职能部门或慈善机构及社会团体关心这些“鳏寡孤独”。如今这句话已不再依据古人的定义来对待，而是泛指所有丧失劳动力，不能独立生活而又无亲属供养的人。

古人所说的“废疾者”，用现代词语讲就是指聋哑人、盲人或四肢有残缺的人，也包括精神失常和长期患病的人。这些人也可归类为“老弱病残”，他们也受到社会广泛的关心和照顾，一般都过着衣食无忧的生活，即便是无家可归的流浪人，也会受到民政部门所设的养老院，救护战的关心和照料。

重温古人对“鳏寡孤独”的解释，不难看出，中华民族尊老爱幼，扶贫济困的传统美德，是源远流长，一脉相承的。

guà

卦

古代占卜的符号——卦

小篆的“卦”字是个左右结构的形声字兼会意字。右边的“卜”字作形符，表示跟占卜有关；左边的“圭”字读“guī”，作声符并会意；“圭”字与“卜”字组合，指古代用来占卜的符号。甲骨文的“卜”字是个象形字，字形像龟甲灼烧后出现的纵横裂纹形，这是兆象的简形，古人根据这种图形来判断吉凶祸福。隶变后的楷书写作“卜”。“卜”字的本义指烧龟甲取兆纹以判断吉凶，这是占卜的主要目的，所以古人用“卜”字作“卦”字的形符。

古人为什么用“圭”字作“卦”字的声符呢？

小篆的“圭”字是会意字，本义指祥瑞的玉。它是古代贵族祭祀或丧葬用的礼器，也是诸侯帝王在举行典礼时拿在手里用来记事的玉器，上圆下方，上面可写字。而“卦”有占卜者手拿一种草进行占卜之义，这两点有吻合之处，所以古人用“圭”字作“卦”字的声符并表义。

楷书的字形由小篆演变而来，写作“卦”。

“卦”字的本义指“有一定象征意义的占卜符号”，“卦”是古代占卜符号，后来也指迷信占卜活动所用的器具，如占卦、打卦。解说卦象或卦文的文辞称“卦辞”。

通过“八卦”或“八八六十四卦”显示的象征自然现象或人事变化的形象，占卜者据此推断吉凶，预示未来称“卦象”。人们常说的跟“卦”有关的词是：八卦、变卦、说卦、打卦、算卦、占卦等。

卦 小篆

卦 隶书

卦 楷书

两土为圭，添卜成卦

明朝嘉靖年间有两位同科进士，后来都立了军功。方逢时任兵部尚书，卜大同在福建任巡海副使。这两人虽是武官，但都有文才。

这年，卜大同进京公干，方逢时与他是同科进士，便约了几位好友，设宴接待他。

卜大同这人好开玩笑。他赴宴前就跟另外几个人商量好，今日酒席上行酒令，要难倒方逢时，让他出洋相。

宴席一开始，卜大同就提议，大家难得相聚，今日以行酒令为乐。不能及时出令者罚酒三杯。

众人喊好。卜大同首先行令。他指着桌上刚端上来的一碗菜汤说：

两火为炎，
此非盐酱之盐。
既非盐酱之盐，
如何添水便淡？

接着轮到方逢时。方逢时推托道：“看这架势，你们几位要借酒令灌醉我，我认罚吧！”

卜大同催道：“快说吧，即使你骂脏话也无妨！”

方逢时显得很无奈的样子，吟道：

两土为圭，
此非乌龟之龟。
既非乌龟之龟，
如何添卜成卦？

这一说，惹得众人哈哈大笑。卜大同一品味，这老哥儿的酒令是在拿姓卜的开涮啊，虽说有骂他乌龟之嫌，但“两土为圭，添卜成卦”这精巧构思，也使人不得不承认方逢时确实才思敏捷，文才高人一等啊。

手将物悬吊高处——挂

小篆的“挂”字是个左右结构的形声字兼会意字。左边的“提手旁”作形符，表示跟手有关；右边的“圭”字读“guī”，作声符并会意。“手”字与“圭”字组合在一起，指“用手将物体悬吊在高处”。因是用手将物体悬吊在高处，与“手”有关，所以古人用“提手旁”作“挂”字的形符。

古人为什么用“圭”字作“挂”字的声符呢?

小篆的“圭”字是上下两个“土”字，不同于金文上下是两个“士”字。“圭”字的本义指瑞玉。古代帝王分封诸侯时，把土地封赐给诸侯，以“圭”这种瑞玉作为凭证。诸侯将这瑞玉捧于胸前，以显示尊敬。“挂”字取其“在上”的意思，一则这是高高在上的帝王所赐，二是自己对此也敬若神明，当作朝拜、祭祀、丧礼时用的礼器。所以古人用“圭”字作“挂”字的声符，以显示“挂在高处”。

楷书的字形由小篆演变而来，写作“挂”。

“挂”字的本义指“把物体悬吊在高处”，如怀表又称“挂表”，遇喜事悬挂彩绸以示庆贺，特制的细条状面条因悬挂晾干而名为“挂面”。

“挂”字由本义引申指“钩住”，如挂车、挂斗、挂钩。又引申指“惦记、牵连”，如挂齿、挂零、记挂、牵挂。还引申指“登记”，如挂号、挂失、挂账、挂一漏万。“挂”字也作量词用，如两挂鞭炮、三挂佛。；“挂”字假借指“打电话”，如给他挂个电话。

挂
小篆

挂
隶书

挂
楷书

“挂”和“挂冠”

两千多年前的西汉末年，有个人叫逢萌，据《后汉书·逢萌传》介绍，此人是北海都昌人，他才学渊博，颇有志气，而且他通晓阴阳之事，凡事都有先见之明。因为他洞察事理，勤于思考，注重分析，所以给人一种未卜先知的感觉。

逢萌年轻时在县里当亭长，属于地方上的基层小官。后来他去京城长安求学，经一番努力，在京城当了高官，他兢兢业业，为朝廷尽责。

此事暂且按下不表，再说另一个人物。

汉成帝的母亲皇太后王政君，她有八个弟兄，二弟王曼的二儿子名叫王莽。此人心狠手辣极有野心，依仗皇太后的权势，被封为新都侯，又拜为大司马，逐渐掌握了朝政大权。他搜罗天下人才，为自己将来夺取刘家天下做准备。

几年后，汉成帝去世，十二岁的汉平帝继位，王莽将自己的女儿立为皇后，与汉平帝成亲，王莽成了国丈。汉平帝虽然只有十四岁，但很聪明，他已看出王莽的野心，流露出不满。王莽借为他祝寿之名，献给他一杯毒酒，将他害死，随后又立了个年仅两岁的刘婴为皇太子，王莽的女儿为皇太后，眼看着，刘邦打下的大汉王朝就要落到王莽手里了。

王莽有个儿子叫王宇，此人倒有点正义感。他对父亲的做法颇为不满，出面劝阻。王莽恼羞成怒，将他关进牢狱，后又派人将他毒死。

逢萌将这些都看到眼里，但无能为力。他对家人和几位知己朋友说：“王莽为人残忍，他连自己的儿子都能害死，还有什么干不出来的事呢？尽快离开他，要不就大祸临头了。”随后，他将自己的官帽悬挂在东都城门上，放弃官职，连夜带着全家老小乘船出逃，然后沿海路逃到辽东山林里隐居，从此隐声匿迹。

逢萌悬挂官帽的事，被后人称之为“挂冠”，用来表达辞官不做的意思，一直流传至今。

guāi

乖

甲骨文

金 文

小 篆

乖
隶 书

乖
楷 书

违背又不协调——乖

古代的“乖”字是个会意字，从小篆的字形看，它由两个部分构成。“乖”字当中部分，像羊角的形状，羊角是分左右两边生长的；“乖”字当中部分是个“北”字，古代，“北”就是分离的意思。由此可见，“乖”字的本义也就是违背不协调的意思。

既然违背，相互不和谐，就引申为性情行为不正常，如乖戾、乖违、乖张。

“乖”字的本义现在仍在用，但人们所熟悉的“乖”，却是指小孩儿听话，不哭不闹，很“乖”，也指孩子聪明伶俐，如这孩子嘴乖。

由于小孩听话，很可爱，所以称小乖乖。

“乖乖”有时还用来作感叹词，如乖乖，今天雪下得真大呀！

东晋·王羲之《淳化阁帖》

东晋·王献之《淳化阁帖》

唐·孙过庭《书谱》

元·赵子昂《三希堂法帖》

北千相合——乖

唐朝末年，镇守北疆的一个李姓将军想举事谋反，为了一举成功，他想到了驻扎在千里之外的杨将军，如果能把他召来，和他合伙干，这次谋反将易如反掌。想到这儿，他连夜派人前去游说。

杨将军明白了来人的意思后，一时也拿不定主意，思来想去，写了“北千”两个字，然后揣在怀里，来到好朋友崔无敌的家，想让他来给测测吉凶。他之所以写“北千”二字，是考虑来客是从北方千里之地而来的，故以这两个字来测吉凶。

崔无敌是个善于分析形势，又懂阴阳八卦，又会占卜测字的人。他看过字条，低声问道：“将军是想‘北上千里’吗？”

杨将军点点头，说：“正犹豫不定，所以请先生测测。”

崔无敌也不问他北上何事，摇头便说：“‘北千’相合是个‘乖’字，‘乖’字自古代就是违背不和谐之意，不是个吉祥字，我劝将军乖乖待在这里，如若北上千里，路途遥远且不说，一路凶险，此行必将不利。”

当天晚上，杨将军便把李将军的亲信打发回去了。后来，李将军果然被擒，杨将军却逃过了此劫。

【瓦当欣赏】

秦汉瓦当

guǎi

拐

骗取钱财拐卖人口

小“篆”的“拐”字是个左右结构的形声字兼会意字。左边的“提手旁”作形符，表示跟人手的动作有关；右边的“另”字读“guǎ”，是“剐”（guǎ）字简省的写法。“手”与“剐”字相组合，指“用各种手段骗取钱财或人口”。因要使出各种手段去干坏事，所以古人用“手”字作“拐”字的形符。古人为什么用“另”字作“拐”字的声符呢?

古代甲骨文的“剐”字与“另”字是同一个字，都是象形字，泛指把肉从骨头上剔下来，“剔”与“剐”右边都是立刀旁，这就是千刀万“剐”的“剐”。在古代，“剐”也是种酷刑，将人身上的肉一块一块地割下来，凌迟至死。恶人干坏事，不择手段，坑蒙拐骗属罪恶勾当，所以古人用“剐”字作“拐”字的声符并会意。

楷书的字形由小篆演变而来，写作“拐”。

“拐”字的本义指“骗取人或财物”，如用欺骗的手段把妇女儿童携带到远处去称“拐带”，用欺骗的手段弄走称“拐骗”，拐骗人口和财物的人或腿脚瘸的人称“拐子”，引诱妇女儿童称“诱拐”。

“拐”字假借指“转变方向”，如拐弯、拐角、拐弯抹角。由上义又引申指“瘸子走路不稳”又如一瘸一拐。也引申指残疾人或老年人使用的“拐杖”。

小篆

拐

隶书

拐

楷书

丫鬟被“拐”了

民国年间，南京夫子庙文德桥，胡铁嘴那测字摊，就像个会所，总聚集了不少人在此喝茶聊天，也分不清是测字呢，还是闲谈。

昨天，大石坝街茶叶店老板徐文才，带水西门龙井茶庄吴老板来，说一大早发现家里的小丫鬟被人拐跑了，请他测个“拐”字，看跑到哪儿，能否找到。

胡铁嘴正儿八经写了个“拐”字说：“这‘拐’字左为‘提手旁’，指他有手有脚。右边是‘另’字。这‘另’字上有‘口’，下有‘力’字，表明她能吃能做，会说话，能独立营生。她可能不愿在你家，另谋出路了。”

吴老板叹道：“她要回家我们也不阻拦，但也得跟我们说一声呀，如今怎向他父母交待？”

胡铁嘴问道：“从字相上看，这丫鬟左腿是否有点残疾，走路有点拐？”

吴老板点头道：“就是啦，她在家乡农活干不起来，我们才将她带到南京做家务的。也不知拐一个腿脚不便的拐子干什么。”

胡铁嘴笑道：“一物降一物，一物爱一物。拐子也有人爱啊。这‘拐’字左为提手旁，右为‘另’字，此为‘另有一手’，可见，这是两人合谋而走，不是被绑走的。”

吴老板问：“先生何出此言？”

胡铁嘴道：“‘拐’字左为提手旁，右为‘另’字，这里暗藏‘力’字与‘扣’字。‘扣’者，指将你牢牢扣住，掌握住，故‘拐’字有花言巧语将你哄住、骗住之义，拐弯抹角，使你乖乖巧巧地听他话，跟他走，正因为此，‘拐’字与‘乖’字同音。吴老板，以我猜测，你家这丫鬟走不远，可能是跟你府上什么人已私定终身了。天要下雨，娘要改嫁，由他去吧，何况是黄花闺女呢。等着瞧吧，说不定过两天，你家还会有小伙计被拐呢……”

吴老板听了，气得一拍大腿：“我早就看出来了，新来的那小海一直和她眉来眼去，真气死我了……”

guài

怪

金文

小篆

怪

隶书

怪

楷书

奇异的怪物

小篆的“怪”字是个形声兼会意字。左边的竖心旁是形符，表示与心理活动和思想认识有关；“圣”为声符，读“shèng”，其本义指“不寻常的，奇异的”。

要做到不寻常，就得动脑筋，用心思去谋划，所以“怪”要用“竖心旁”。

古代的“圣”字由“又”和“土”构成，表示用双手在土地上精耕细作，这样必定能有不同寻常的收获，所以“怪”用“圣”作声符兼会意。

“怪”的本义为“不同寻常的、奇异的”，如怪诞、怪话、怪论、怪癖、怪兽、怪事、怪物、怪象、怪异、古怪、奇怪。

“怪”，由本义引申指“惊奇”，如大惊小怪、稀奇古怪。

“怪”，又引申指“神话、童话中的妖魔之类”，如鬼怪、魔怪、妖怪、神怪、妖魔鬼怪。

“怪”，假借指“责备、埋怨”，如怪罪、错怪、见怪、难怪。

“怪”，又假借指“很、非常”，如怪好的、怪可爱的、怪可怜的。

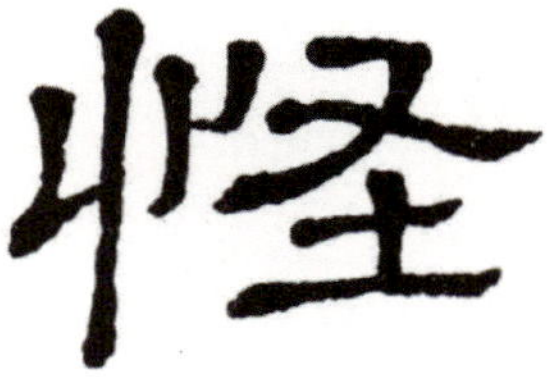

《隶辨》

宋·苏轼

圣人有心变“怪”人

江东市有位书画家，名叫王继之。少年时代，王继之以字写得好，画画得好出名，被称为“小神童”。后来他刻苦自学，拜著名书画家关鹏为师，成了关先生的关门弟子。

王继之若能继续勤奋学习，又有名家指点，艺术造诣恐怕会更上层楼。但这人过于狂傲，他自以为是书圣王羲之后代，他要当现代书圣，画坛泰斗。

若他仅仅是自吹自擂倒也罢了，可他偏偏又要弃艺从政，要当文联主席。他动足心思，拉帮结派，巴结领导，一心要当个厅级干部……

几年努力，终成泡影，王继之又回过头来搞艺术。他准备自筹资金，把市郊青龙山的山崖峭壁铲平，刻上他的书法，搞成巨型摩崖石刻，报吉尼斯世界纪录。但此举遭到当地居民反对，市政府也明确答复，这是破坏生态环境，严令禁止。

王继之的这些怪异言行，引起同行们的关注，书画院的领导想请关鹏老先生出面，跟王继之谈谈。

一行人来到关先生家，关先生正在练字。他听完来意，顺手写了个“圣”字说：“他要当书圣，岂不知，圣人心无旁用，不追名逐利，以常人自居。所以‘圣’旁边是无心的。”说到这儿，关先生在“圣”字旁边加了个竖心旁，变成一个“怪”字，说：“无心之怪为圣，有心之圣为怪。怪人有包天之狂心和野心，争名夺利，费尽心机，这就成了‘怪’。怪人与圣人，差别就在于有心和无心啊。”说罢，他放下笔，自告奋勇地说：“他是我的关门弟子。我要让他去掉那颗妄心邪心，做一个真正的受人民大众欢迎的艺术家。”说罢，就和书画院领导们去找王继之了。

用横木将门关上

guān

关

金文的“关”字写作“關”，是个形声字兼会意字。外面的“門”字是形符，表示跟門有关；門里面是个“𢇇”字，读“guān”，作声符。这两个字形组合在一起，指将门关上的门闩。因指的是门闩，所以“關”字用“門”字作形符。

古人为什么用“𢇇”字作“關”字的声符呢？因为古代“𢇇”字指织布机上引线的梭子，梭子来回穿梭，有“横通”的意思。而“關”指木条横挡在门上，所以“關”字用“𢇇”字作声符并会意。

小篆的字形由金文演变而来。隶变后的楷书写作“關”。异体字写作“関”，后来简化字借用“关”来表示，如今成为规范字。

“关”字的本义为“门闩”，由本义引申指“闭上、合拢”，如关紧。关闭、关门、开关、关上等都指“闭上、合拢”。将犯罪的人关起来称“关押”。

“关”字由本义引申指“人为设置的或天然的交通要道”，如“关口”。险要的关口称“关隘”；在交通要道设立的岗哨或检查站称“关卡”；关内、关外、关山、关中、把关、雄关、闭关自守等指“关口”。由此又引申指“货物进出口收税的地方”，如报关、关税、过关、海关、通关等。

“关”字又引申指“重大转折点或不易度过的时机”，如关节、关键、关头、关系、机关、难关、年关、鬼门关、生死攸关、性命交关等。

“关”字由上义引申指“牵连、涉及”，如关爱、关怀、关乎、关联、关切、关心、关照、关注等。

“关”字也作姓氏用。

金文

小篆

關
隶书

关
楷书

实地考察讲“关键”

无锡市东门中学的杨老师，前天刚讲过“闭”字，今天讲“关”字。上次讲“闭”字时，同学们对“门”字里的“才”字提出了疑问，杨老师从“闭”字字形的演变讲起，说到“才”字可能由笔误造成。他担心同学们还是没弄明白，所以他今天特地讲“关”字，他要把“关”字和“闭”字以及“关键”这个词联系起来，一块儿讲。

这堂课该怎么上呢？杨老师想到了一个好主意。他利用这两天春游的好机会，到旅游点的大庙里游览，趁游人稀少时，把同学们集中到庙门口讲课。他指着厚重的两扇大门说：“从前的城门、宫殿的大门以及大户人家的门都是对开的两扇门。关门时，这两扇门闭合，这就叫关门、闭门。”说着，他把两扇门关上，指着门背后说：“为了使门关得牢，不易被撞开，后面有根横木横贯在两扇门中间，把这两扇门联系起来，这叫关联。再看这横木，从门框两边的孔中插过去，这横木称为‘关’。这横木当中又被这根斜斜的竖着的直木顶着，这根竖木称为‘楗’。这根竖的直木上头顶着横木，下面插入离门框和门槛很近的在地上挖的孔洞中，这样一来，两扇门联在一起，又被后面的竖木死死地顶着，就十分牢固了，外面的人就推不动了。横的‘关’跟竖的‘楗’合起来叫‘关楗’。‘楗’字原是木字旁，现在改为金字旁，你们看，门关得这么紧，这根横木和竖木，是不是很关键呀？

“再看关闭的‘闭’字，原来里面写的是‘十’字，是一道关，后来有人又加了一根横木变成两道关，写成了‘干’字。‘门’字里的‘干’字，把下面一道关写歪了，成了‘才’字，所以‘闭’字由‘门’和‘才’组成，一直用到今天。”

同学们实地看了，才算真正明白过来。

杨老师见有游客来了，忙打开门说：“‘關’字由‘門’和‘聯’字组成。两扇门之间有个‘联’字，指这两扇门是联合在一起的，或是锁起来了，或是上了门闩。用‘关’和‘楗’牢牢地顶住了。‘关’音通‘管’，把门关起来，表示有人管理，有人看管，有人关心，有人负责，有人把关了，说不定还会成为重要的关口呢。”

有目的地仔细看——观

guān

观

甲骨文

金文

小篆

觀

隶书

观

楷书

甲骨文和金文的“观”字是个会意字，字形的上部像一个瞪着一双大眼睛的猫头鹰，下面是“隹”字，读“zhuì”，表示鸟。

小篆的字形有所变化，在右边另加义符“見”字，这样就成了个左右结构的形声兼会意字，写作“觀”，右边的“见”字作形符，表示用眼睛看；左边的“雚”字读“guàn”，作声符并会意。“雚”字与“见”字组合，指睁大眼睛有目的地仔细看。因是指仔细看，所以古人用“见”字作“观”字的形符。

古人为什么用“雚”字作“观”字的声符呢?

因甲骨文的“观”字就写作“雚”，这是个象形字，字形就是瞪着一双大眼的猫头鹰在看。应该说，“雚”字就是“观”字的本字，是最早的“观”字。但有学者认为此说不妥，“雚”字的本是指“猫头鹰”，因眼睛敏锐，能夜察秋毫，所以古人才用“雚”字作“观”字的声符。此说言之有理。

楷书的字形直接由小篆变来，写作“觀”，后简化为“观”。“又”与“见”组合很好，“又一次见”就看得更仔细了。

“观”字的本义指“看”，如观看、观察、观光、观测、观赏、观望、观战、观众、参观、旁观、通观、观摩、察言观色等。“观”字由本义引申指“对事物的认识和看法”，如观念、悲观、观点、直观、乐观、人生观、世界观、宇宙观、主观等。“观”字又假借指“样子、现象”，如大为改观、宏观、景观、客观、美观、奇观、外观等。“观”字是个多音字，读作“guàn”时，指“道教庙宇”，如三清观、白云观。

观音阁上关“观”音

明朝永乐年间，安徽休宁县有位书生名叫陈家升，此人聪明好学，且读书过目不忘。他尤好吟诗作对，在当地无人可及。

一个春暖花开时节，陈家升走出县城，到南门外的观音阁游览。他头一次来，见观音阁进门处左侧的墙上有一行字，虽经风吹雨淋，有些斑驳，但这几个字仍依稀可辨。这行字是：

观音阁上关观音，关他作甚？

看来这是上联。为何没有下联？陈家升向看门的老汉打听，方知此联的情由。十多年前，有位举子赴京赶考，路过此地，不料盘缠丢失，无奈之下，到观音阁求助。谁料管理观音阁的老尼姑外出化缘，阁门紧闭。举子失望之极，便在阁门旁写上此联，怅然而去，于是留下上联。一晃十多年过去，无人对出下联。

陈家升仔细推敲了一番，这上联读来似乎是随口发句牢骚，说的是平常话，但要对出下联，却非易事。因为联中“观”与“关”这两个字谐音，要找出与此相对应的句式，就难住了过往的文人学士。所以至今无人对出下联。

陈家升是个有心人，他一直没忘记这上联，但他琢磨了很久，也没找到好句子。

一晃又是十几年过去，陈家升高中状元，家乡人为此自豪，特地为他建了座状元坊。陈家升从京城返乡时，乡邻夹道欢迎，他骑着高头大马，好不得意。岂料锣鼓喧天，鞭炮震耳，马儿受惊，前蹄撞在坊柱上，一下子将陈状元掀下马来。陈家升跌倒在地，但无大碍。他爬来，掸掸身上的灰，正要跃身上马，忽地想到观音阁那下联。就在人声鼎沸中，他对出了下联：

观音阁上关观音，关他作甚？
状元坊下撞状元，撞我何事！

读者诸君细细品味，此联妙在何处？

屋里有管理之人——官

guān

官

甲骨文

金文

小篆

官

隶书

官

楷书

甲骨文的“官”字是个会意字。外面是个宝盖头的形状，显得很宽大，像座房子；里面的字形像古代的“堆”字。因为“堆”字有众多的意思，用在这儿指屋子里有管理众人之事的人。

金文的字体由甲骨文演变而来。小篆的字体与甲骨文相似。楷体由小篆演变而来。

“官”字本义指在“政府机关或军队中担任职位，负责管理众人的人”。有人认为，甲骨文的“官”字是个会意字，外面是房屋之形，里面是一个人屁股落地要坐下来的形状，表示这儿是行军打仗的人途中止歇之处，其本义指“途中休息的地方”，后引申为“派驻机构”，又引申为“官府”。

“官”字的本义就是指“管理众人的人员”，如官员、官场、官宦、官话、官吏、官僚、官衔、官腔、长官、官职、罢官、升官、法官、副官、将官、教官、军官、判官、武官、做官、官逼民反。

“官”字由本义引申指“属于国家或政府的”，如官办、官邸、官方、官署、官司、官厅、笔墨官司。

“官”字假借指“生物体上特定机能组织”，如官能、器官、五官、感官。“官”字也表示“公共的、公用的”，如官道、官所。

“官”字也作姓氏用。

三兄弟赋诗戏知县——官

清朝光绪年间，一年夏天午后，无锡梅村吴家三兄弟到西瓜地里除草施肥。三人忙累了，便坐到路边一棵大榕树下休息。

这天，无锡知县乘着轿子到苏州去。他见路边有大树，便命轿夫停下休息，想顺便弄两个西瓜解渴。

这知县姓杨，官架子十足。他以为三个瓜农会来讨好他，不料这兄弟仨只当没看见他。杨知县心中不快。他见不远处还放着一担粪，臭烘烘的，便命令衙役将三人赶走。三兄弟问："凭什么赶我们走？"杨知县心生一计，说："凡在这树下歇凉的，都得说上四句诗。第一句要说三个同头字，第二句要说三个同旁字，第三、第四句要说前面两个字的含义。说不出，滚蛋！"

杨知县说罢，自己先来一首："三门同头官宦家，三丝同旁绫罗（羅）纱；要穿绫罗（羅）纱，除非官宦家。"两个衙役听了，为他拍手叫好。

吴老大当即回答道："三草同头茉莉花，三女同旁姐妹妈；要戴茉莉花，除非姐妹妈。"

杨知县朝吴老二努努嘴："你呢？"吴老二随口吟道："三山同头岗崮崖，三木同旁松柏槐；要长松柏槐，除非岗崮崖。"

杨知县和两个衙役愣住了，他们盯着吴老三问："你也会作诗？"

吴老三大声回答道："三尸同头屎尿屁，三人同旁你们仨；要吃屎尿屁，除非你们仨。"

正巧，一阵风吹过，熏得杨知县头昏脑胀，又被三兄弟戏弄了一番，气得赶紧上轿。

guān

冠

金文

小篆

冠
隶书

冠
楷书

用手戴帽子——冠

小篆的“冠”字，是个上下结构的会意字。它由三部分组成，上面是秃宝盖，像覆盖在人头上的布巾；下面左侧是“元”字，指人的头部；下面右侧是“寸”字，表示“手”。这三部分组合在一起，指人用手将帽子戴到头上。

也有人认为，下面右侧的“寸”字指“分寸，法度”。古时候，什么身份的人戴什么样的帽子，这是有一定规矩的，也就是有法度的。这三个字形组合在一起，指“帽子”。

隶变后楷书写作“冠”。

“冠”字的本义指“帽子”。如国王戴的象征身份和权力的帽子称“王冠”或“皇冠”；王后或王妃所戴的帽子称“凤冠”，旧时也指妇女出嫁时的礼帽；用月桂树叶编的帽子称“桂冠”，欧洲人习惯以“桂冠”为光荣称号，现在也用来指竞赛中的冠军。

不戴帽子或脱帽表示敬意称“免冠”。

“冠”字由本义引申指“像帽子一样的东西”。如鸡头上高起的肉冠称“鸡冠”；鸟类头顶上竖立的长羽毛称“羽冠”；鸟类头顶上长的肉质突起，形似冠，称“肉冠”；乔木树干的上部及其所长的枝叶称“树冠”。

“冠”字是个多音字，读作“guàn”时，假借指“已经成人”，古代二十岁男子行冠礼，表示已经成人，因还未达到壮年，所以称“弱冠”，后来以此泛指二十岁左右年纪。成年也称“巾冠”。“冠”字读“guàn”时，也作姓氏用。

“冠”字又假借指位居第一的，如冠军、夺冠。

冠多发乱

元朝末年，民不聊生，各地农民纷纷起义。在各路起义军中，安徽凤阳的朱元璋异军突起，他领导的义军节节胜利，地盘日益扩大。他在金陵这块宝地立住脚跟后，广招贤才，扩展军力。朱升、刘基这些军师为他出谋划策，徐达这些武将为他攻城掠地。经十余年的南征北战，朱元璋终于在1368年夺取政权，在应天府称帝，建立明朝，改年号为“洪武”，人称“朱洪武”。

朱元璋登基称帝后，终日处理朝廷大事，忙得焦头烂额，连坐下喝口茶的功夫也没有。最令他头疼的是，呼啦一下，从凤阳老家来了一大帮人，凡与朱家沾亲带故的亲朋好友，七姑八姨，把国宾馆都住满了。他们听说朱元璋当了皇帝，都想沾点光，捞个一官半职，享受荣华富贵。

朱元璋见人数众多，如若一一封官，岂不有人无功受禄？其中大都目不识丁，能当什么官？若将他们赶回乡下，落得六亲不认的骂名，又于心不安。为此他左右为难，常唉声叹气。

军师刘伯温看出了朱元璋的心思，深知他矛盾的心理。他想直言进谏，又恐惹怒了朱皇帝，更怕那帮皇亲国戚知道了，日后给他小鞋穿。他左思右想，便画了一幅画，进献给皇上消闲解闷。

这幅画上，画着一位高大伟岸的男子，头发蓬乱如麻，一束束的头发上顶着一只只小帽子，样子十分可笑。

朱元璋看着这幅画，不解其意。他想，刘伯温进献此画，定有深意。于是在灯下仔细琢磨，直至东方发白，心中才豁然开朗，终于明白了刘伯温的良苦用心。这张画的用意是，头上戴的帽子多，头发便凌乱，这就是“冠多发乱”。而“冠”与“官”同音，“发”与“法”同音。更深的含义是封的官多了，国家的法制就乱了。这便是“官多法乱”。

朱元璋听取了刘伯温的忠告，当机立断，排除干扰，只封有功、有才、有德之人，不封无功、无才、无能的家乡亲友。

关闭尸体的棺材

guān

棺

古代的“棺”字是个形声兼会意字，左边的“木”字作形符，表示这个字与木头有关，右边的“官”是读音。

“棺”字的本义很简单，就是指“装殓死人的器具”，一般用木材制成。古时候也有用石块制作的。

与“棺”相连的词有棺材、棺木、棺椁。棺椁指“棺”和“椁”，“椁”读“guǒ”，是古代套在棺材外面的大棺材，这儿泛指棺材。

“棺”为什么用“官”作音符？《说文解字》的作者许慎认为“官”与“关”同音。“关”有关闭的意思。依他这样解释，“棺”就是“关”，也就是把尸体关闭在木制的棺材里。换一种说法，就是存放尸体的东西，也就是棺材。这个说法，与棺的本义是一致的。

也有人认为，古人之所以用“官”作音符，是因为“官”是以使民众平安生活为己任的人，是完美的人，是受人尊敬的人。而“棺”是完好地装殓死人的器具，所以“棺”以“官”为音符，并会意。这一说法，也不无道理。

金文

小篆

隶书

楷书

东晋·王羲之《兴福寺断碑》

唐·褚遂良《孟法师碑》

赶考途中见“棺”材

明朝万历年间,河北保定府有两位年轻的秀才。一位名叫张友亮，为人豁达豪爽，凡事丢得开，放得下；另一位名叫陈慎行，这人正如他的名字一样，平时谨小慎微，多愁善虑。这两人性格虽大不相同，但因为从小就在一个私塾读书，后来又跟随同一个恩师求学，所以成了好友。两人刻苦好学，才华出众，在当地都有才子之称。

这年二月，皇帝将在京城礼部贡院举行全国会试，各地考生纷纷赶往北京，参加考试。张友亮和陈慎行也提前到了京城，住在一家旅店里。

二月初九一大早，两人胸有成竹，高高兴兴地赶往考场。出得旅社大门，转过巷口，只见一支出殡队伍，浩浩荡荡，迎面而来。他俩一抬头，同时看到了那八人抬着的黑漆漆的大棺材。

张友亮看到了那口大棺材，心中一惊，不由叫道：“好大的棺材！”

陈慎行也看到了那口大棺材，他心中一凉，忙闭上眼睛，嘴里连声说：“唉，晦气，晦气！”他一路上嘀咕：今天真倒霉啊，赶考的日子竟碰到棺材，多不吉利啊。就这样，他情绪一落千丈，进了考场，心烦意乱，文思枯竭，结果名落孙山。

张友亮呢，可不一样。走在路上，他一想到那口大棺材，心中就暗暗叫好：哈哈，棺材棺材，有“官”又有“财”，这是好兆头呀，今年我要考中状元啦。

张友亮进了考场，信心百倍，情绪高涨，他思如泉涌，下笔成章，果然考中头名状元。